© Buzz Editora, 2021
© Lucas Battistoni Wegmann, 2021

Publisher ANDERSON CAVALCANTE
Editora TAMIRES VON ATZINGEN
Assistente editorial JOÃO LUCAS Z. KOSCE
Projeto gráfico ESTÚDIO GRIFO
Assistente de design FELIPE REGIS
Revisão LIGIA ALVES, FERNANDA BATISTA,
CRISTIANE MARUYAMA

Dados Internacionais de Catalogação na Publicação (CIP)
de acordo com ISBD

B336s

Battistoni Wegmann, Lucas
Só vai: Sabedoria para ser livre (e fazer o que quiser da sua vida) / Lucas Battistoni Wegmann
São Paulo: Buzz, 2021
224 pp.
ISBN 978-65-86077-90-2

1. Autoajuda. 2. Liberdade. I. Título.

	CDD 158.1
2021-512	CDU 159.947

Elaborado por Odilio Hilario Moreira Junior CRB-8/9949

Índice para catálogo sistemático:
1. Autoajuda 158.1
2. Autoajuda 159.947

Todos os direitos reservados à:
Buzz Editora Ltda.
Av. Paulista, 726 – mezanino
cep: 01310-100 – São Paulo, SP
[55 11] 4171 2317
[55 11] 4171 2318
contato@buzzeditora.com.br
www.buzzeditora.com.br

Lucas Battistoni Wegmann

SÓ
vai

Sabedoria para ser livre
(e fazer o que quiser da sua vida)

11	**POR QUE VOCÊ DEVE LER ESTE LIVRO?**
17	**MODO DE USAR**
19	**DESPERTAR**
	Acorde para começar a viver hoje mesmo
29	**PILARES DA LIBERDADE**
	A base de tudo
39	**LIBERDADE MENTAL**
43	*FREEMIND*
	Turbine seus pensamentos e fortaleça sua própria opinião
53	**O QUE FAZER DIANTE DAS ADVERSIDADES**
	Construa um castelo com as pedras que atiram em você
63	**MENTALIDADE RESOLVEDORA**
	O grande segredo para resolver qualquer situação
75	*REALITÄTSNAH*
	Aterrizando os pensamentos
87	**LIBERDADE FINANCEIRA**
93	**LIBERDADE CAPITAL**
	Torne-se financeiramente livre e tenha tempo para fazer o que quiser, quando quiser e com quem quiser
105	**EDUCAÇÃO FINANCEIRA**
	O que os bilionários têm em comum
113	**INDEPENDÊNCIA E AUTONOMIA**
	Ganhe dinheiro quando não estiver no trabalho

121 LIBERDADE SOCIAL

125 CORAGEM PARA FAZER O QUE SE QUER
Aprenda a apertar o botão do f*da-se
para a opinião alheia

139 COMUNICAÇÃO
Seja ouvido, influencie mais e conquiste
tudo o que quiser

149 COMPARAÇÃO
O caminho certo para a inferioridade

159 LIBERDADE ESPIRITUAL

163 A FORÇA DO PENSAMENTO
Onde o futuro começa

171 BRILHO NOS OLHOS E ENERGIA
Aprenda a elevar sua energia e
entusiasmo ao nível máximo

179 SEJA ESPIRITUALMENTE LIVRE
Todas as pessoas têm um vazio no
coração exatamente deste tamanho

191 AQUILO QUE SE BUSCA ALCANÇAR:
O TAL DO PROPÓSITO
Se não faz você sentir, não faz sentido

201 LIBERDADE PLENA

203 LIBERTEI MUITOS PRISIONEIROS,
SÓ NÃO LIBERTEI MAIS POIS NÃO SABIAM
QUE ESTAVAM PRESOS

207 TRANSFORMANDO CONHECIMENTO
EM RESULTADO

209 AGRADECIMENTOS
211 FRASES PARA LER TODA HORA

Para _____

Que este livro te ajude
a ser plenamente livre.

Eu acredito em você!

Forte abraço do seu amigo,
Lucas Battistoni Wegmann

Dedico este livro a todas as pessoas que sabem que a vida é única e passa muito rápido.

Aos sonhadores.

A todos aqueles "aprisionados" que me inspiraram e foram o motivo de eu querer compartilhar este conhecimento com o mundo.

Todos merecem ser plenamente livres.

Só vai.

Do que este livro vai libertar você:

Da escravidão financeira
Da venda que limita sua visão
Dos medos que te impedem de agir
Do peso dos seus erros
Da dor da culpa
Dos maus hábitos
Da necessidade de agradar os outros
Das forças que tentam dominar sua mente
Do tamanho do seu ego
De sistemas que não te fazem pensar
De dogmas que aprisionam o seu espírito

... e de tantas outras prisões que nos impedem
de ser realmente felizes.

Por que você deve ler este livro?

—

"Eu só posso lhe mostrar a porta.
É você quem tem que atravessá-la."
MORPHEUS, no filme *Matrix*

A liberdade é uma grande ferramenta para a felicidade.

Este livro é um guia que indica várias estradas a serem percorridas para que possamos ser plenamente livres.

Estradas que percorri por acreditar que poderia mudar o jogo trilhando um caminho alternativo, diferente do percorrido pela maioria das pessoas.

Estradas que percorri ao entender que podia caminhar por elas mesmo que o chão ainda fosse de terra batida e nada confortável.

Foi ao longo dessa caminhada que encontrei pessoas extraordinárias que acreditaram em mim e descobriram que também podiam ser livres.

Que foram se despindo de preconceitos, crenças e que, por meio dos conhecimentos que compartilho aqui, encontraram uma nova e mágica maneira de ver o mundo.

Muito mais livre e leve.

Sempre fui um cara que estudou bastante. Tive disciplina, e, se desde muito novo estive acima da média, era pelo meu esforço. Sem dinheiro, me joguei no mundo, limpei chão, lavei pratos, trabalhei como garçom para me sustentar e, com muito sacrifício, me tornei um dos melhores alunos em uma faculdade na Alemanha (onde o nível de excelência era alto demais para eu saber que podia pisar ali). Eu me especializei no mercado financeiro, passei por grandes empresas, construí uma carreira, montei negócios, viajei o mundo, atingi a fluência em cinco idiomas, fui treinado pelos melhores coaches da Terra, conquistei a liberdade financeira antes dos 30 anos, conheci um pouco da fama e desfrutei dos melhores lugares, hotéis e restaurantes do planeta.

Construí o que aparentemente é a "vida dos sonhos". Por isso, posso afirmar com toda a certeza que tenho no coração: nada importa mais do que a nossa liberdade. *Liberdade de tudo que nos aprisiona, para ser e fazer tudo o que quisermos.*

Hoje, olhando para trás, observando cada ponto da minha trajetória, consigo perceber que não existem atalhos. E que o caminho para a liberdade muitas vezes está no sentido oposto ao que as pessoas estão indo.

Foi invertendo a ordem daquilo que os outros chamam de *sucesso* que eu cheguei aonde estou hoje. E considero, mais do que nunca, que ter sucesso é fazer aquilo que amamos e estar livres de preocupações. No começo muitos me criticaram, mas eu sabia que, se encontrasse uma forma de ajudar os outros a realizar os seus sonhos, eu também realizaria os meus. E foi por meio das vendas – que começaram de porta em porta – que criei uma organização global composta pelas pessoas mais incríveis que já conheci.

Ao trazer o pragmatismo do mercado financeiro para a área de vendas, cheguei aonde nunca imaginei que poderia ser capaz. Foram atitudes simples, que outros poderiam ter feito, mas que, por medo do julgamento, não fizeram.

Fui eu que fiz.

Eu era executivo financeiro de uma multinacional, pós-graduado, e larguei tudo quando me associei a uma empresa de vendas diretas. Montei uma equipe que começou com meu pai e dois amigos e hoje conta com mais de 350 mil membros. Essa empresa está presente em diversos países, como Estados Unidos, Alemanha, Inglaterra, México, Egito, entre outros, e eu estive em todos eles várias vezes. Logo depois, escrevi um livro que vendeu milhares de cópias na América Latina, treinei mais de um milhão e meio de pessoas presencialmente e outras incontáveis pela internet. Essa experiência fez de mim a maior autoridade brasileira no meu segmento.

A dimensão da importância da jornada e da transformação provocada naqueles que mudaram suas vidas não pode ser quantificada. E foi enxergando essa transformação no olhar de cada um que esteve comigo que hoje percebo meu propósito sendo cumprido.

O que eu pretendo com este livro é fazer você se questionar se é verdadeiramente livre ou não.

A pergunta central a que eu quero responder é: *O que é ser livre?*

Quero que você desperte, que sonhe livremente, que entenda como se faz para desenvolver visão e clareza, desdobrando essa consciência em metas e objetivos para, enfim, a partir de determinadas atitudes, conquistar sua liberdade.

Você é tão livre quanto pensa que é? Você pensa por si próprio? Faz o seu próprio caminho? Ou está sempre tentando agradar a todos? Está livre para decidir qual jornada faz sentido na sua vida? Você tem desejos que ainda não realizou? O que o aprisiona? Em quais prisões você escolheu se esconder? O que o impede de ser feliz hoje? O que o paralisa e lhe impede de voar?

Entendi com o tempo que a liberdade não se alcança nem se atinge: você é que deve priorizá-la para nortear as suas decisões. Ela serve como um farol para que não nos percamos em meio a tantas situações irrelevantes que acontecem no dia a dia. Pensar em ser livre é desejar deixar de se sentir preso. É um estado de plenitude, de acordo com os seus próprios padrões e sua visão de mundo.

A "liberdade plena" é uma realidade quando temos:

» Liberdade mental: desenvolvemos nossa própria opinião e senso crítico.
» Liberdade financeira: nossa renda não depende mais do nosso tempo ou presença.
» Liberdade social (de expressão): não temos medo de manifestar a nossa opinião nem a nossa verdade para os outros.
» Liberdade espiritual: aprendemos a ligar dentro de nós o interruptor de luz que promove a força que tanto buscamos do lado de fora.

Minha sugestão é que você leia este livro inteiro e depois o consulte sempre que precisar, como quiser. O fato é que os tipos de liberdades não têm uma ordem definida. Ou seja: depois de conhecer o conteúdo do livro, você poderá recorrer a ele de acordo com seu nível de interesse pelos assuntos de que ele trata.

Talvez você até já tenha alguma das liberdades de que vamos falar aqui. Elas não são interdependentes. São as nossas escolhas diárias que nos levam a desenvolver umas antes das outras.

Eu decidi há tempos moldar a minha vida colocando a liberdade no centro. Ainda estou longe de ser plenamente livre, mas tudo ficou muito mais leve desde que coloquei a liberdade como prioridade em detrimento de querer agradar os outros, acumular coisas de que não preciso ou exibir um rótulo. A caminhada é longa, porque as correntes que nos aprisionam são muitas e o processo de libertar-se requer coragem. Este livro, tanto para você quanto para mim, é apenas o começo. Evoluir quase sempre dói e faz a gente se sabotar, voltando para aquilo que sempre nos aprisionou. Eu mesmo acabei me rendendo e me esquecendo do que realmente importa diversas vezes.

Mas adianto desde já: você só será plenamente livre quando estiver consciente de cada uma dessas liberdades. Cada uma delas traz um questionamento importante. Questionamentos que fiz ao longo da vida, da minha carreira, da minha jornada pelo mundo. Conhecimento que adquiri vencendo e sofrendo, rindo e chorando, errando e aprendendo a todo instante. Uma certeza, sentimento tão bom e tão libertador que me resta apenas parafrasear Clarice Lispector: "Liberdade é pouco. O que eu desejo ainda não tem nome".

A partir de agora você vai aprender a ser livre para alimentar a sua mente sem interferências externas e a pensar por si próprio; a saber expressar a sua opinião sem se enquadrar no que os outros querem; a moldar sua vida de acordo com padrões internos e não vindos de fora; a conquistar a liberdade financeira para viver; e, principalmente, a não se apegar ao que os outros esperam que você seja. Quero que você seja livre para criar a sua história ouvindo suas próprias orientações internas e entendendo como fazer para canalizar o melhor para sua vida, de que forma agir com a energia que nasceu com você para conquistar excelentes resultados em tudo.

Não dá mais para continuar a existir dentro de uma prisão, pensando o que os outros querem que você pense, consumindo o que querem que você consuma, agindo da maneira como esperam que você aja e se expressando como acreditam que você deve se expressar. A sua individualidade vai mostrar o seu Deus interior, o seu coração, e, por meio da consciência de que a sua liberdade é fruto de um despertar, você vai fazer um voo alto, inimaginável até então.

Para finalizar, quero fazer uma pergunta que sempre faço nos meus treinamentos: *Se dinheiro não fosse problema, você estaria vivendo a vida que sonha?* Para todos a que pergunto, a resposta é sim. Quase todo mundo pensa em ganhar na Mega-Sena e mudar de vida. Acham que essa é a premissa da liberdade. Mas saiba que vou colocar o dedo na sua ferida, fazer um furo na parede, te incomodar e mexer com a sua estrutura.

Por que você não está vivendo a vida que sonha? Será que é o dinheiro que vai pautar a sua liberdade de viver? Será que temos um antídoto para isso? Será que é possível ser livre e viver a vida dos sonhos sem ganhar na Mega-Sena?

Que tal repensarmos isso juntos a partir de agora?

Se dinheiro não fosse problema, como seria a sua vida?

Siga o chamado, o chamado do seu coração, da sua alma, e seja um buscador. Tenha fé, a mente livre, o coração leve e vamos juntos atingir o ponto de mutação que nos transporta para uma vida repleta de energia, de sonhos, de amor, abundância e alegria.

Essa vida existe.

E você nasceu para vivê-la.

Quando sua felicidade não está mais condicionada a nada que vem de fora, e você entende que aí dentro está tudo de que precisa, você está plenamente livre.

Nas páginas seguintes, eu vou te ajudar a encontrar a si mesmo dentro de você. E te convido a ser livre a partir de agora.

Vamos juntos.

Modo de usar

Quando estiver lendo este livro pela primeira vez, leia-o inteiro, de preferência na sequência em que ele se apresenta. Depois que concluir a primeira leitura, desfrute da liberdade de ler o texto até de trás para a frente se assim desejar. Mas, se decidir percorrer esta conversa do começo ao fim de novo, ao terminar cada capítulo, reflita sobre ele pelo menos uma vez nas 24 horas seguintes. Depois volte a ler a parte final do capítulo. Isso lhe dará tempo para absorver e assimilar o conteúdo e depois relembrar os tópicos que vão ajudá-lo.

Você também pode pular a parte final dos capítulos, como se estivesse adiantando o episódio ao assistir àquela temporada especial da sua série favorita, e pode ainda ler essa parte antes de iniciar cada capítulo, para refrescar a memória antes do episódio seguinte.

Estou dando destaque à parte final dos capítulos porque ela é o passo a passo, o ensinamento que você deve sempre levar consigo. Eu o aconselho a anotar os principais ensinamentos no bloco de notas do seu celular, ou mesmo levar o livro sempre com você. Assim, quando surgir alguma situação similar aos exemplos de que vamos tratar, você vai saber melhor como agir por ter este guia nas mãos.

Os capítulos servem como referência e explicação do passo a passo, sempre trazendo alguns exemplos de situações que eu mesmo vivi.

De qualquer forma, é você quem decide como usar o livro. Use sem moderação. *Com toda a liberdade possível.*

Despertar
Acorde para começar a viver hoje mesmo

—

Sonhe como se fosse viver para sempre. Viva como se fosse morrer hoje.

Se eu pudesse resumir este livro em poucas palavras, seria com essas duas frases.

Não as copiei do Instagram, em um curso motivacional ou em algum livro de autoajuda. Essa verdade eu aprendi com a vida. Ou melhor, com a morte.

Quando entrei no avião de volta para casa, estava ao lado do meu irmão, Caio. Tínhamos embarcado para a Itália fazia uma semana para realizar o nosso sonho de família: viajar juntos pela primeira vez – eu, ele e minha mãe. A viagem tinha sido minuciosamente planejada por ela. Eu tinha 20 anos, e Caio estava com 18.

Só que, dias antes do embarque, minha mãe me ligou dizendo que não iria embarcar conosco. Precisava fazer uns exames, uma pequena cirurgia, e nos encontraria depois.

Antes de contar um pouco de mim e de trazer todas as lições que quero trazer neste livro, preciso falar um pouco dessa personagem que não moldou apenas meu caráter, mas influenciou todo o meu destino.

Minha mãe era a filha mais nova de um casal que tinha fugido da Itália depois da Segunda Guerra Mundial. Nascida no Brasil, casou-se com meu pai, que também nasceu aqui depois que seus pais migraram da Alemanha pós-guerra.

Meu pai e minha mãe encontraram a paz por aqui e também um ao outro. Da união dos descendentes dos dois países, nascemos meu irmão e eu. E é aí que nossa história começa. Porque essa união durou apenas o suficiente para que nós dois fôssemos concebidos, e depois cada um seguiu seu destino. Eu e meu irmão ficamos com a minha mãe, e, embora meu pai fosse presente em nossas vidas, o dia a dia da nossa criação era com ela.

Não quero me estender muito na história da minha vida, porque o propósito deste livro é trazer lições práticas para você aplicar no seu cotidiano profissional e pessoal e experimentar coisas totalmente novas. No entanto, logo que comecei a escrever, percebi que muito do que eu tinha a ensinar foram coisas que aprendi em casa, com a minha mãe.

Silvia era uma figura carismática, daquelas pessoas que todo mundo quer ter por perto. Ela fazia até as situações ruins parecerem boas. Levava eu e meu irmão para passeios em cachoeiras, incentivava nossa autonomia e acreditava em nossos sonhos mais do que nós mesmos éramos capazes de acreditar.

Se hoje eu falo sobre desenvolver a liderança, sobre fazer os outros gostarem mais de nós, sobre vencer a timidez, influenciar pessoas, aumentar a autoconfiança, ter planejamento, disciplina, honestidade e também sobre o poder do *feeling*, é porque cresci num ambiente onde uma figura feminina provocava isso na gente todos os dias.

Era minha mãe quem fazia a roda girar dentro de casa, trabalhando numa empresa mesmo querendo atuar como psicóloga, porque era capaz de colocar nossas necessidades acima das suas próprias. Foi ela quem me fez encarar o escotismo, porque via naquele menino gordinho e sem jeito uma criança doce, de coração bom, que tinha medo de se mostrar para o mundo. Minha mãe queria dar um jeito de provocar essa mudança.

Ela me empurrou para o teatro, dizendo que ali eu iria me comunicar com o mundo. Minha mãe dizia que eu tinha a habilidade de transformar as pessoas. Era ela quem via em mim aquele que me tornei e que sou hoje, porque, quando me olhava no espelho, tudo que eu enxergava era um garoto acima do peso, desajeitado, incapaz de fazer amigos, tímido e que não acreditava em si mesmo.

Algumas pessoas têm o poder de tocar nossa vida com uma varinha de condão e perceber em nós coisas que não sabemos que fazem parte do nosso ser. Você já não teve alguém que o enxergou maior do que você achava que era?

Se hoje eu sinto que exerço esse papel na vida das pessoas, é porque aprendi o quanto é importante ter alguém que acredita em nós mais do que nós mesmos acreditamos.

Naquele dia em que Caio e eu voltamos da Itália para reencontrar minha mãe, passei catorze horas dentro do avião recordando tudo o que tinha aprendido com ela. Enquanto o comandante anunciava que enfrentaríamos períodos de turbulência, eu fechava os olhos e ouvia sua voz dizendo que tudo ia ficar bem. Porque, sempre que havia turbulências em nossas vidas, ela dava um jeito de encontrar um novo percurso.

Só que, ao mesmo tempo que minha mãe liderava impecavelmente a nossa casa e apontava caminhos para nossas vidas, ela deixava seus sonhos para depois. Ela queria ensinar psicologia mas trabalhava numa metalúrgica. Queria morar na praia, mas continuava a levar um ritmo de vida alucinado na cidade grande.

Queria fazer a viagem dos sonhos para a Itália, mas deixou para quando fizéssemos 18 anos e não houvesse tantas preocupações com grana.

E é por isso que começo este livro falando sobre não deixar seus sonhos para depois.

No dia em que embarcamos para a Itália, nem no meu pior pesadelo eu imaginaria que seria a última vez que ouviria a sua voz quando ela disse "é uma cirurgia simples, depois encontro vocês".

Daquilo tudo, ficou marcada a palavra "depois".

Ela sempre estava "depois". Fez meu irmão e eu embarcarmos porque a nossa felicidade era tão mais importante para ela do que a dela própria. Porque tudo para ela podia ser "depois". Minha mãe era sonhadora, cheia de vida, tinha garra, brilho nos olhos, entusiasmo. Sabia como ninguém nos incentivar a construir nossos sonhos.

Só que os dela sempre ficavam para "depois".

Ao chegarmos a São Paulo, ainda tivemos tempo de vê-la com vida. Só o coração batia. A tal cirurgia que ela dissera que seria simples era na verdade para retirar um tumor do tamanho de uma laranja de sua cabeça. Cirurgia essa que nenhum dos seis cirurgiões consultados concordou em fazer.

O fim dessa história você pode imaginar: ela tinha sonhado como se fosse viver para sempre. Mas não tinha vivido como se fosse morrer tão cedo.

Naquele momento, minha mestra me dava a maior das lições: com a morte, ela ensinava da mesma maneira que tinha ensinado em vida.

A interrupção da vida coloca um ponto-final em nossos sonhos. E a gente acha que vive para sempre, que amanhã pode fazer aquilo de que teve vontade hoje, que um dia vai largar o emprego chato para fazer o que gosta, que no final de semana vai dar tempo de curtir a família, que aquela viagem que a gente sonha pode ficar para "depois".

Só que o "depois" pode não existir.

Em uma pesquisa feita com pacientes terminais de câncer, a coisa pela qual eles mais se lamentavam não era pelo bilhão que não tinham atingido, nem pelo grande reconhecimento profissional. A maior parte das pessoas se lamentava por não ter feito bom uso do tempo. Ao dar demasiada atenção a preocupações, a coisas que se resolveriam por si sós, tinham vivido uma vida miserável e não apreciavam as maravilhas ao seu redor. O sorriso dos que amavam, a saúde que ainda tinham, o pôr do sol, momentos tão significativos que não podiam ser recuperados.

Hoje, depois de tantas conquistas profissionais, quando me fazem propostas que dizem que me farão ganhar milhões em poucos anos, percebo que não quero ser essa pessoa. Não quero ser o cara que se lamentará pelo que não viveu no leito de morte.

Quero ter conforto, e também quero mais tempo com a minha família. Quero ver a minha filha crescer, acompanhar cada passo, cada palavra que ela disser. Quero estar ao lado da minha esposa quando ela estiver feliz e quando estiver cansada. Quero ser o pai forte que vai apontar o horizonte para a minha filha e mostrar o nome de todas as estrelas em vez de estar ausente, num escritório, contando o dinheiro que vai cair na conta para comprar o que ela precisa.

Quero criar, dar conforto, mas, acima de tudo, quero ser exemplo. Quero, ao lado dela, fazer uma lista dos nossos sonhos e ir realizando cada um deles, sem deixar nada para depois.

Despertar é o primeiro passo para as liberdades das quais vou falar ao longo deste livro, porque quem não está desperto continua aprisionado pela rotina do dia a dia e não consegue perceber do que está sendo refém. Quem não desperta não consegue cumprir seu propósito, entender se pensa por si próprio, se compra o sonho dos outros, se não tem ideias próprias, não se expressa, se tem medo de ser julgado e vive preso num redemoinho de crenças e condicionamentos que jamais lhe permitem viver a vida que sempre quis. *Liberdade de pensar por si próprio, de viver a vida que se sonha, de sair do senso comum. Só tem essa liberdade quem acorda do sono profundo que o dia a dia provoca em quem está aprisionado pelo sistema sem ter suas próprias ideias.*

Tenho certeza de que a minha mãe partiu sabendo que tinha cumprido sua missão. Era claro para todo mundo o quanto ela nos amava e como ficava satisfeita ao ver que estávamos alcançando nossas realizações, mas ainda assim eu briguei muitas vezes com Deus, perguntando "por quê?". Por que ela não pôde viver mais um pouco? Não conseguiu se mudar para a praia para ensinar o que gostava. Não conseguiu fazer a viagem dos sonhos com os filhos, porque sempre deixou muitos sonhos para depois.

A pergunta que eu faço a você neste momento é: *Quanto do seu tempo você tem dedicado para a realização dos seus sonhos? Será que você sequer tem pensado nisso ou acha, como eu também já achei, que falar de sonhos é um "luxo"?*

O nosso tempo é finito, precioso, e nós o vendemos por tão pouco. Deixamos sonhos e vida de lado para fazer parte do sonho dos outros.

Não deixe a vida para depois.

Sonhe, sonhe como se fosse viver para sempre, mas viva.

Viva como se fosse morrer hoje.

Recapitulando...

Despertando de vez em dois passos

» Viva como se fosse morrer hoje
Absorvendo esse pensamento, conseguimos trabalhar em prol dos nossos sonhos, desenvolver um senso de urgência para fazer o máximo possível só com aquilo que está a nosso alcance, sem esperar a "hora certa" de agir. Esse é o primeiro passo. Não é amanhã que poderemos ser felizes: estar com quem amamos, fazer o que gostamos, cumprir nossas promessas. É hoje.

» Pare de realizar apenas o sonho dos outros
Nossos sonhos são nossos e apenas nossos. Somente nós mesmos podemos torná-los realidade. Veja bem, não tem problema trabalhar para realizar o sonho de outras pessoas, desde que os seus não sejam deixados de lado. Quanto mais nós damos um "jeitinho" para realizar os sonhos alheios e deixamos a nós mesmos de lado, mais longe dos nossos sonhos estaremos. A cada segundo que deixamos de correr atrás do que queremos, um pedaço do nosso futuro deixa de existir.

A essência do despertar

Quem deixa os sonhos para amanhã corre o risco de nunca ver esse amanhã chegar.

Um dos requisitos da liberdade é despertar para o fato de que o tempo é o único recurso impossível de ser recuperado ou "recomprado". Quanto mais cedo você entender isso, mais cedo vai assumir o controle da sua vida e começar a guiá-la na direção certa.

É preciso despertar da inércia e não deixar nada para depois.

Talvez você não morra daqui a cinco minutos. Ou amanhã. Ou no próximo mês. A única certeza que você tem é a de que amanhã pode não existir para você. Você é livre para decidir apenas *agora*. Hoje é o único "para sempre" que existe. Para sempre você viverá nele, e é o único momento em que você pode fazer alguma coisa.

Para ter liberdade plena, você precisa estar desperto, e despertar é uma decisão sua. Decida *hoje*!

Dica prática
para despertar/começar hoje

Faça um quadro dos sonhos e mantenha contato visual com eles todos os dias.

Quando está no piloto automático, você não faz pausas para pensar nos seus sonhos. A partir do momento em que faz o seu quadro dos sonhos, porém, você para e sonha.

Reúna seus familiares e faça. O meu eu fiz de cartolina com fotos de revista mesmo. Pode desenhar se quiser. Use sua criatividade e imaginação. Você também pode criar o seu quadro dos sonhos no computador. Não importa a maneira: coloque sua energia nisso e olhe para o seu quadro todos os dias.

Você verá a mágica acontecer quando for substituindo as fotos de revistas ou desenhos por fotos suas. A ideia é fazer seu quadro dos sonhos se transformar em um álbum de fotos suas, para que isso fortaleça a sua autoconfiança e você ganhe força para realizar sonhos ainda maiores.

Inclua todas as áreas da sua vida: família, profissão, recreação, finanças, moradia, saúde, educação, viagens etc.

Pilares da liberdade
A base de tudo

—

O que é liberdade para você?

Eu entendo que ter liberdade é poder decidir e fazer as nossas próprias escolhas, do jeito que queremos, decidir o que fazer com nossa vida sem depender de nada. Desde que isso, claro, não ataque ou roube a liberdade do outro.

Se eu lhe perguntar o que faz uma pessoa tomar uma decisão, você pode dizer que é o estado interno dessa pessoa, ou seja, como ela se sente naquele momento. E, se formos mais a fundo, você pode fazer uma autoanálise: "Como eu estou? Estou feliz? Triste?".

É importante entender: a base para as minhas decisões está em mim mesmo.

A segunda coisa que faz alguém decidir é a perspectiva de onde ela está olhando. As perguntas-chave são: *O que eu quero para o meu futuro? Qual é a minha perspectiva?* Essa visão do futuro move você a tomar decisões hoje.

E o que isso tem a ver com liberdade?

Não ter liberdade é não poder fazer esse questionamento para si mesmo. Ou não poder fazer esse questionamento sabendo que poderá conduzir sua vida em direção à resposta que surgir dele.

Tome suas decisões independentemente de ter grana ou não, ou do que as pessoas vão achar. Claro que, para ter essa liberdade, é preciso estar calçado em alguns pilares, caso contrário você não terá condições de sustentar a sua decisão. Você continuará sendo vítima da opinião, do julgamento ou da permissão dos outros para seguir determinadas direções na sua vida.

Não dá para construir um prédio sem os pilares. Esses pilares serão a estrutura que manterá você firme para edificar aquilo que deseja. São conceitos simples que trarão a você as possibilidades de ter autonomia e decidir por si próprio.

Para conquistar nossa liberdade, devemos ter sonho, visão, clareza, metas e objetivos. Vou falar de todos esses itens.

Em primeiro lugar, é preciso ter uma visão clara do que você quer para sua vida.

Num cenário de incertezas e turbulências de toda espécie, todo mundo precisa ser capaz de construir a sua visão de futuro, porque é ela que vai nortear seu caminho.

E a primeira coisa que você precisa fazer é conhecer bem o seu cenário. Isso quer dizer que, quanto mais nítida a visão, mais domínio você terá. Quem quer construir uma visão de futuro precisa antes aprender com o passado e com a experiência que carrega.

A visão é um dos pilares da liberdade porque você só pode ter visão se não estiver surfando na onda dos outros. A visão tem que ser sua, não a que venderam na propaganda. Não a que seu chefe, sua tia ou seu amigo te venderam. Ela torna você livre – espiritual, mental, financeira e plenamente. Você só consegue se comunicar direito, expressando-se da maneira como deseja, quando tem visão. Quando sabe aonde quer chegar, quando não aceita o que trazem e está consciente de que quer construir seu futuro.

Sabe qual é a característica comum aos grandes líderes do mundo? Eles tinham uma visão muito clara do que queriam e para onde estavam indo. Esse é o começo da construção da liberdade.

Em segundo lugar, você precisa ter clareza sobre o lugar aonde quer chegar.

É preciso fazer as perguntas certas; se você não tiver clareza sobre as respostas, é porque não está fazendo a si mesmo as perguntas certas.

A clareza impede que você deixe o barco te levar para onde o vento sopra. Ela te faz ter o controle do destino, porque você sabe aonde quer chegar.

Ter clareza é uma das bases para sermos livres em todas as liberdades e não manipulados pelos outros. Uma visão turva da realidade atrapalha nossas decisões e muitas vezes nos faz seguir na direção errada.

Também é necessário entender o conceito de autorresponsabilidade.

É importante que você observe a sua vida sob uma perspectiva única de aprendizados que o conduzem a uma história de vida também única, porque não existe vida sem dor, sem derrapadas, sem medos. Qualquer história é construída a partir de muito suor, tropeços, tentativas frustradas que se tornam aprendizado e nos levam para novos caminhos.

Nada que vale a pena está fora do nosso campo de escolhas. Se você quer escrever a sua história em vez de ficar vendo a história passar bem diante dos seus olhos, deve entender que, além de protagonista, é diretor, coadjuvante, auxiliar técnico e roteirista. É você quem escreve as páginas do seu destino.

Na vida, não dá para ficar à mercê dos acontecimentos políticos, econômicos e de tudo o mais que acontece lá fora. É necessário assumir as rédeas e ser o protagonista da sua história.

Outro aspecto importante é aprender com os erros.

É preciso tentar, mesmo que não dê certo. Mesmo que erre, porque provavelmente você vai errar e, quanto mais erros cometer, mais entenderá o quanto é preciso recalcular a rota, abandonar o barco ou simplesmente tentar mais uma vez.

A frustração faz parte de qualquer trajetória. Evitá-la nos torna covardes; pode ajudar a evitar tropeços, mas também nos torna menores do que poderemos ser, porque os erros se transformam em aprendizados. Evitar erros é encorajar a fraqueza. Ainda que passemos a vida alimentando no coração um sonho, uma visão, e quando ela se torna real percebamos que não era exatamente aquilo que queríamos, precisamos entender que todo o caminho nos levou até aquele ponto, sem nos aprisionarmos ao lugar onde acreditamos que ficamos reféns de uma opinião, ou até mesmo de um sucesso.

É preciso errar para se conhecer. Quando isso acontece, o seu nível de autoconfiança aumenta muito.

Quem se ama geralmente tem mais clareza sobre os próprios sentimentos, sabe o que lhe faz feliz, o que lhe faz mal, e isso contribui para a maneira como você se relaciona consigo mesmo. E só é possível trabalhar seu amor-próprio quando você sabe se relacionar consigo mesmo.

A verdade é que, por não termos tanta autoconfiança, nos cobramos muito. E essa cobrança exagerada sempre nos faz ter a sensação de que não fizemos o que nos propusemos. Achamos que não fomos produtivos, que não alcançamos nossos objetivos, e vamos nos colocando para baixo.

A autoconfiança é um dos pilares da liberdade justamente porque em todos os momentos você vai precisar dela. Seja para defender a sua opinião, para caminhar por uma trilha que ninguém percorre, para lutar por algo que está indo contra a maré ou para perceber que não precisa dar justificativa nenhuma da sua maneira de ver o mundo para ninguém.

Não deixe de estabelecer metas e hábitos.

Quebrar o sonho grande, que muitas vezes parece impossível, em várias pequenas metas possíveis é fundamental para ver o progresso acontecendo e manter o ritmo. Tendo metas, você sabe quais hábitos diários serão necessários para alcançá-las e entende o quanto um hábito, por menor que seja, é impactante no longo prazo. Eles são os tijolos dos seus sonhos.

Daqui a cinco anos você desejará ter começado hoje. Olhe para trás: *não existe nada que você gostaria de ter começado há cinco anos?*

Você precisa, a partir de hoje, fazer uma lista das coisas que tem e quer fazer. Da mesma maneira que faz as suas entregas de trabalho, precisa colocar os sonhos na sua lista de atividades. É hoje que você começa a realizar os seus sonhos.

Vejo muitos querendo começar projetos pessoais, criar negócios que vão ficando para amanhã, e esse amanhã nunca chega. Os alemães são "frios" e dizem "não" para os outros porque priorizam a agenda deles. São honestos consigo mesmos. Senão, acabam sempre fazendo parte dos planos de alguém em vez dos seus.

A agenda que parece ser algo que rouba liberdade é "A" liberdade. Se você não tem a sua agenda, sempre fará parte da agenda de alguém. Quem tem agenda é livre. Você é quem decide criar seus compromissos.

E o segredo para ser livre é definir claramente aonde você quer chegar e substituir os hábitos que estão te prendendo pelos que vão levá-lo até lá.

O hábito é a semente da vitória.

A seguir, é hora de entrar em ação.

Pode ser que você não seja disciplinado ou tenha uma tendência a abandonar as coisas antes de finalizá-las. E é por essa razão que eu convido você, a partir de hoje e até o final deste livro, a se comprometer a escolher algo que realmente precisa fazer, desmembrar isso e agir um pouco por dia.

Não dá para dissociar a ação da disciplina, porque é só agindo um pouquinho por dia que você será capaz de mensurar os resultados obtidos. Por exemplo: se tem preguiça de fazer academia, será depois de um mês de prática de exercícios que você vai perceber os resultados e começar a gostar. Não é da noite para o dia que a sua barriga vai secar ou que seu bíceps vai ganhar forma.

Todo sonho, seja ele qual for, começa com uma microação. E o que eu quero propor hoje é que você entenda qual é a primeira ação que precisa praticar antes que a vida lhe dê um motivo para ir naquela direção.

Imagine como seria perder algo ou alguém por ficar parado ou procrastinar. Certas perdas são incalculáveis. Quando pensamos dessa forma, ganhamos muito mais convicção sobre o que precisa ser feito e do que realmente somos capazes. O que não te desafia não te transforma.

Recapitulando...

Construindo as bases para ser livre

» Visão e clareza

Quando não sabemos qual é o porto para onde estamos navegando, nenhum vento será favorável. Quando não sabemos quem somos e o que queremos, como saber para onde desejamos ir? Devemos conhecer os nossos sentimentos, saber o que realmente nos faz feliz e ir em busca disso.

» Autoconfiança e responsabilidade

A grande chave aqui é que não precisamos confiar para fazer. Precisamos fazer para confiar. Quando nos acovardamos, perdemos a fé em nós mesmos. Quando encaramos o medo, mesmo que não dê certo, apenas por tentar, nossa autoconfiança aumenta muito.

Na vida, não dá para ficar à mercê dos acontecimentos políticos, econômicos e tudo o que acontece lá fora. É preciso assumir as rédeas e ser protagonista da sua história. Só fracassamos quando desistimos.

» Metas e hábitos

Quando quebramos qualquer grande objetivo ou sonho em metas, é possível desdobrar essas metas em pequenas tarefas diárias (hábitos) que podemos introduzir em nossa rotina.

Somos o reflexo dos hábitos que tivemos nos últimos anos. Os nossos hábitos nos moldam, e é uma decisão nossa manter hábitos ruins ou bons. Já que seremos escravos deles de qualquer jeito, que pelo menos sejamos escravos de bons hábitos.

» Ação e disciplina

Problemas são temporários; desculpas são para sempre. Se quisermos ser livres de verdade, temos que parar decididamente de dar desculpas e aprender de uma vez por todas a nos disciplinarmos. A disciplina ganha de tudo, até mesmo do talento. Você não precisa ver a escada inteira para começar a subir. Precisa ver apenas o primeiro degrau.

A essência dos pilares da liberdade

Ser livre é a melhor coisa do mundo. E isso vai ficar cada vez mais claro à medida que você seguir com esta leitura. Se tiver sensibilidade para entender, na essência, o que significa liberdade plena, sua vida será totalmente transformada.

Isso é liberdade.

Só que, para ter essa liberdade, é preciso estar calçado em alguns pilares, caso contrário você não terá condições de sustentar suas decisões do dia a dia. Você continuará sendo vítima de opiniões, julgamentos ou da permissão dos outros para seguir para onde quer.

Para ser livre, em primeiro lugar, você precisa entender esses pilares.

A partir de agora, vamos dar um passo em direção à sua liberdade.

Dica prática
para começar a construir a sua liberdade

Como os pilares são fundamentais para a construção da liberdade e eu poderia dar várias dicas práticas para cada um deles, resolvi começar testando a sua força de vontade e ensinando você a ter disciplina.

» Quão importantes, de verdade, são os sonhos que estão no seu quadro?
» Alguma vez você deixou uma ação importante para depois?
» Já se pegou procrastinando, empurrando com a barriga ou se sabotando?

A dica prática aqui é um truque que eu uso. Se você a colocar em prática, vai ver uma alavancagem enorme nos seus resultados.

Escreva neste espaço uma atividade que lhe dê prazer e que você faça com alguma frequência. Por exemplo: assistir à TV, jogar *videogame*, encontrar amigos, brincar com filho, namorar, jantar fora, viajar etc.

Agora, escreva uma coisa que você precisa fazer, mas não faz, ou que gostaria de fazer, mas não está conseguindo. Por exemplo: ler um livro, caminhar, entregar um trabalho, fazer uma dieta, estudar, lavar a louça, chegar no horário etc.

_____

_____

_____

_____

_____

_____

_____

_____

_____

_____

_____

Estabeleça o seguinte pacto consigo mesmo: você só fará a atividade que lhe dá prazer depois que tiver realizado a atividade que precisa fazer.

Isso significa usar todos os seus recursos para conseguir cumprir o acordo. Coloque um alarme para lembrá-lo, peça para quem mora com você fiscalizá-lo e de preferência estabeleça um horário para realizar essa atividade.

Faça isso durante 21 dias seguidos e você aprenderá a nunca mais deixar nada para depois. (São necessários 21 dias para que um hábito seja incorporado à nossa rotina.)

Liberdade mental

Desenvolver seu senso crítico, não ser alienado, manter sua sanidade e ter opinião própria é ter liberdade mental. Ter clareza, ser livre de preocupações, saber discernir as coisas e pensar sem precisar pedir soluções prontas.

É pensar por si e para si.

Experimentar coisas novas por meio do exercício de expandir a mente.

A pergunta deste capítulo é basicamente: *quem está no controle dos meus pensamentos?* Ter liberdade mental é ter a sua maneira de ver o mundo. É colocar os seus próprios óculos e enxergar através do seu próprio prisma.

É entrar num jogo e ser o cara que faz o regulamento e não se sujeitar às regras de alguém ou esperar que lhe digam o que fazer e como fazer.

É não rebater, e sim refletir. Formar o que acredita e ser livre mentalmente dos outros, da massa, do sistema. Quem tem a mente livre filtra o que ouve e age a partir de seus próprios princípios. Entendendo e respeitando a liberdade do outro.

Crie a sua visão de mundo. Você precisa se questionar em relação a tudo, mudar de opinião de vez em quando, tentar observar as situações pelo ponto de vista do outro.

Seja livre mentalmente para se tornar quem você nasceu para ser.

Essa liberdade é a que julgo ser uma das primordiais: é fundamental, porque sem ela você não consegue alcançar as outras. Se tiver liberdade mental, você certamente estará no caminho para encontrar as outras liberdades.

Freemind
Turbine seus pensamentos e fortaleça sua própria opinião

—

Você não pode impedir um passarinho de pousar na sua cabeça, mas pode impedi-lo de fazer um ninho nela.

Você já deve ter assistido à série *Os Simpsons*. Se ainda não assistiu, eu vou te contar um pouco do personagem principal, Homer Simpson. Homer é uma figura caricata, daquele tipo que trabalha para sustentar a família, que ouve as ordens do patrão, não as contesta e, ao chegar em casa, senta em seu lugar no sofá em frente à televisão e passa horas assistindo ao seu programa favorito. Ali ele fica alienado da vida, recebendo informações e aceitando-as sem questionar, tomando sua cerveja.

Assim como Homer, milhares de pessoas dia após dia fazem o mesmo percurso: trabalho, casa, sofá – e deixam a mente ser governada por tudo o que dita as regras do lado de fora. Sem qualquer controle mental do que entra, ficam vulneráveis às informações. E aqui está a primeira sacada se você quer ser mentalmente livre: controlar a sua mente e não deixar que os outros a controlem.

Pode parecer simples, mas não é. É só observar um dia de 24 horas na sua vida. Do que você se alimenta? Provavelmente escolhe o que vai ingerir e que será bom para a sua saúde, certo? Da mesma forma, precisa ser seletivo com o que vai ouvir e assimilar, para o bem de sua saúde mental.

Você já deve ter percebido as pessoas que seguem um padrão: ficam o dia todo caçando notícias e informações que não agregam à sua vida e que só trazem desassossego mental. Elas se alimentam de notícias sobre mortes, doenças, desgraças, violência e acabam repetindo aquilo como uma vitrola. Não sintonizam a mente em outro canal.

Já tive um amigo que consumia tanta notícia ruim que, quando nos falávamos, ele sempre vinha com algo negativo. Se estava sol lá fora, ele falava que a camada de ozônio estava com um buraco e que não podia sair na rua por causa do câncer de pele. Se chovia, ele dizia que teríamos enchentes. Só enxergava o lado ruim de absolutamente tudo, porque se envenenava quando assistia à televisão e sintonizava notícias desse tipo. Sua mente era um radar para coisas negativas, e em determinado momento eu abri o jogo: não conseguia mais conviver com ele. Ele estava extremamente tóxico e só cuspia problemas, negatividade, trazia eventos ruins e passava 24 horas por dia calibrando a mente com informações destrutivas.

Isso é tão comum que a gente nem percebe. Quando você vê, está preso a uma tela. E o foco num determinado tipo de notícia expande aquilo de tal forma que a pessoa mal consegue pensar por si mesma. Mal contesta as informações que lê. Simplesmente as aceita e repercute.

Depois de um tempo, conversamos, e eu convidei esse meu amigo para participar de uma reunião da minha equipe, já que todas as terças eu reunia parte do time para falar sobre negócios e, principalmente, sobre sonhos, visão de futuro, energia positiva. Nessas ocasiões todos recebiam uma bela dose de motivação, e entendiam que somos responsáveis pela nossa mente e pelos nossos pensamentos.

No começo, meu amigo reclamou da positividade das pessoas. Achou estranho todo mundo estar feliz e comentou que devia haver "alguma coisa errada". Esse comentário foi emblemático. Por que, num ambiente onde tanta gente estava feliz, tinha que haver alguma coisa errada?

No entanto, ele continuou frequentando as reuniões. Mesmo um pouco incomodado, se manteve junto ao grupo. No terceiro mês, começou a curtir mais aquele tipo de ambiente e, no sexto mês, finalmente se engajou no propósito de fazer algo por si mesmo.

A verdade é que, depois de um tempo, esse amigo veio até mim e agradeceu pelo convite. Disse que o melhor dia da semana era a terça-feira e que tinha entendido finalmente o que eu queria dizer quando falava que ele estava "envenenando" suas relações e sua própria vida. Às terças-feiras ele se recuperava mentalmente.

Assim como ele, era notório que as pessoas do meu time chegavam descalibradas, com o nível de energia lá no pé. Eu entrava no palco sabendo que tínhamos um grande desafio: fazer cada um desenvolver autonomia para pensar, enxergar como estava nutrindo sua mente e a blindando contra o que vinha de fora. Eu precisava que eles entendessem apenas uma coisa: que cada um é responsável pela sua liberdade mental. Ser mentalmente livre consiste em pensar por si próprio e contestar tudo, perceber o que faz bem para si mesmo – e isso incluía até mesmo contestar o que eu dizia.

Todos os dias podemos treinar a mente e direcionar nosso foco para onde queremos. Se quisermos ter a mente forte, precisamos treiná-la da mesma maneira que treinamos nossos músculos. Precisamos selecionar o que ouvimos, com quem conversamos e a maneira como pensamos o tempo todo.

É aquela história: você não pode impedir um passarinho de pousar na sua cabeça, mas pode impedi-lo de fazer um ninho em cima dela. Cabe a você tirar o ninho de lá.

O versículo da Bíblia que diz "orai e vigiai" nos ensina isso: é necessário vigiar os pensamentos constantemente para que não deixemos nossa mente entupida de lixo mental.

Claro que faz parte da vida ter problemas e enfrentar desafios, mas ficar o tempo todo ruminando aquilo faz os obstáculos se tornarem ainda maiores. Precisamos nos manter informados, ler, entender o que precisamos resolver, mas o peso que damos a cada uma dessas coisas cabe a nós decidir qual é. Não adianta arrastar problemas, porque eles nos ancoram e não nos deixam voar.

Em cada ato, cada palavra que você transmitir, seja responsável pela qualidade do seu pensamento e entenda que liberdade mental é ter o poder de escolha: *o que você lê? O que você assiste? Como alimenta a sua mente?* Conforme alimentá-la, vai entender como ela está se desenvolvendo.

Outro dia, conversando com uma amiga, ela disse que estivera em um retiro budista de um fim de semana. Nesse local, segundo ela me contou, as únicas pessoas que tinham acesso à cozinha eram senhoras que faziam meditação e higiene mental antes de tocar os alimentos para prepará-los. Elas sabiam que, se estivessem com a mente "suja", "sujariam" os alimentos. Aquele ritual garantia que a comida estaria sempre "limpa".

Isso significa que o mesmo cuidado de higiene que tinham com as mãos elas tinham com a mente, porque sabiam que uma mente poluída pode poluir a refeição; as pessoas que ingerissem os alimentos poderiam também se nutrir de algo que estava dentro delas.

Uma mente poderosa pode ser construída. E você é o responsável pela força de sua mente. Você é a pessoa que pode construir uma mente sã. Já diz o ditado: "Mente sã, corpo são". E é nela que começam as construções. É por meio da mente que criamos a nossa vida.

De agora em diante, elimine de vez os hábitos negativos que destroem sua mente; esqueça as notícias que o deixam angustiado ou aquele jogo de futebol a que você assiste só para se distrair dos seus problemas. Pare de se distrair e comece a alimentar sua mente com o que deseja. Isso cria uma blindagem mental.

Se você passar a escolher o que vai consumir, terá domínio sobre o que entra na sua mente e não pensará mais pela cabeça dos outros. Deixará de pensar pelo algoritmo, pelo seu chefe, amigo, namorado. Ter a mente livre é pensar por si próprio, sem se deixar influenciar por nada que vem de fora e que é indesejado. Só quando temos a mente livre podemos tomar decisões assertivas em direção ao caminho que queremos seguir.

Se for difícil fazer essa blindagem, tenha consciência de que você é responsável pelo que faz, pelo que pensa, pelo que fala. Assuma essa responsabilidade.

Todas as manhãs, assim que acordo, faço uma repetição constante de mantras, de palavras positivas, ouço músicas que me abastecem, reflito, faço orações, repito palavras que me trazem força. É claro que ao longo do dia a "bexiga" pode ir esvaziando, mas cabe a mim enchê-la novamente.

Encha sua bexiga todos os dias, experimente coisas novas, deixe sua mente cada vez mais forte para que você fique bem e tenha uma interação cada vez melhor com o mundo. Você deve cuidar disso de perto; é um exercício diário que você precisa fazer e que não depende de terceiros.

Se você disser que a sua vida é diferente, complicada, que eu jamais entenderia sua situação, que para o outro é mais fácil etc., acredite, eu entendo. Além de ter conhecido milhares de histórias inacreditáveis e muito mais impactantes do que a minha, eu mesmo já passei dias panfletando debaixo de 30 graus negativos na Rússia e tentei vender suco de açaí até desmaiar no palco durante um treinamento de programação neurolinguística em Puno, no Peru, a 42 graus positivos, pelo ar rarefeito.

Não se engane. É você quem liberta a sua mente. É você quem se policia o tempo todo para não submergir diante de tragédias alheias, não mudar de opinião conforme a hashtag do momento, para não abrir mão do que defende e deixar que outros conduzam sua linha de pensamento.

Ter uma mente poderosa só depende de você. Ser mentalmente livre de padrões que o aprisionam só depende de você. Injetar conhecimento que transforma na sua mente só depende de você. Desviar de pessoas que o intoxicam só depende de você. É um padrão do ser humano entrar num looping infinito de alienação e ficar consumindo informações e conteúdos que não levam a lugar nenhum – só nos fazem perder tempo. Evoluir requer esforço. E em primeiro lugar precisamos vencer a nós mesmos.

Você precisa se livrar do piloto automático. Sair das rotinas estabelecidas e dos padrões. Pare de viver a vida como um sonâmbulo. Acorde! Acordar é não apenas reagir aos eventos externos: é criá-los.

Uma mente forte é livre de julgamentos, expectativas e preocupações. E você deve estar disposto a se livrar desse esterco que enche sua mente o tempo todo. Libere sua mente reconhecendo o que está causando o sofrimento e treine a si mesmo para deter qualquer comportamento automático que o esteja impedindo de ser livre. Esse tipo de comportamento é um mecanismo que sua mente cria para que você resista à vida e lute contra os sentimentos porque tem medo. Viver é perigoso.

Não permita que o comportamento das pessoas interfira na sua felicidade. Não deixe que outras mentes dominem a sua. Permita que cada um siga seu caminho. Você é responsável pela saúde da sua mente, assim como pela do seu corpo. *Você aceita comida de estranhos? Por que aceitaria as opiniões deles?* É extremamente necessário que você filtre o que chega até você e faça a higiene mental. Diariamente.

Você precisa ser o senhor dos seus pensamentos e ter certeza de que as coisas que pensa e diz são realmente opiniões suas e não mera influência de terceiros.

A pior prisão que existe hoje se chama alienação, e, acredite, são muitos os interessados em manter a situação como está. Afinal, se todos pensarmos por nós mesmos, não poderemos ser dominados. Uma vez li uma frase que dizia que a maior bênção para um ditador é as pessoas não saberem pensar por si próprias. Quem não pensa por si mesmo é facilmente manipulado.

Em um mundo cheio de informações e opiniões ao alcance de todos, poucas pessoas aprendem a desenvolver seus próprios pensamentos. Pensar por si mesmo dá trabalho, por isso é mais fácil aproveitar um pensamento já pronto.

Freemind é, na essência, absorver todo o conhecimento disponível e transformá-lo em aprendizado de valor para você, em ações alinhadas com suas convicções e objetivos. É conseguir definir a sua verdade e usar suas lentes para criar sua própria visão de mundo. É ver com seus próprios olhos e sentir com seu coração.

Afinal, qualquer conclusão sua, mesmo que errada, é melhor do que usar a conclusão de outra pessoa. Se nem os seus pensamentos forem verdadeiramente seus, você jamais será livre.

Free your mind.

Liberte a sua mente!

Recapitulando...

O melhor jeito de tornar a sua mente livre

» Tenha consciência de suas ações e opiniões
Precisamos sair da rotina, desligar o piloto automático e deixar de ser influenciados pelas forças externas. Pensar um pouco mais, refletir. Ter mais consciência e digerir as informações que chegam. Somente assim seremos capazes de começar a desenvolver a nossa própria opinião.

» Nutra a sua mente
Nossa mente funciona como o restante do corpo: ela se molda de acordo com o que ingerimos. Se absorvemos muita porcaria, adoecemos. Se nos alimentamos de coisas boas, ficamos fortes. Todos os dias devemos nos alimentar de coisas positivas (leitura, estudos, podcasts, cursos etc.).

» Priorize o seu condicionamento mental
Devemos incluir em nossa lista de atividades diárias o exercício da mente. Nutrir a nossa mente com disciplina nos liberta da alienação. Como tudo, no começo é difícil, incomoda, dói, dá vontade de desistir, mas é fundamental para o nosso crescimento e evolução. Comece hoje.

A essência do *freemind*

Há estudos no campo da psicologia que apontam que uma emoção dura 15 segundos em nosso corpo. Se sentimos raiva, medo, temos que saber que, depois desse tempo, essa emoção só estará dentro de nós se a alimentarmos.

Portanto, tenha consciência daquilo que deseja nutrir em sua mente. Se você quiser passar 15 segundos, 15 minutos ou 15 horas pensando numa coisa, quem tem o poder de decidir esse prazo é você. Você é o único que pode sair de um estado mental negativo e superar uma emoção destrutiva.

Dica prática
para uma mente livre – *freemind*

» A primeira tarefa que você deve realizar é sair do piloto automático. Uma maneira interessante de quebrar esse *flow* é se perguntar "por quê?" sempre que a sua mente o incitar a tomar alguma atitude. Assim você consegue assumir o controle da sua mente e entender os motivos e as consequências desse pensamento.

» A segunda tarefa é ficar em silêncio e controlar seus pensamentos. Sim, apenas isso. Desconectar-se de tudo o obriga *a pensar*. É a chance perfeita de dialogar consigo mesmo sobre qualquer assunto. Não há momento mais "seu" do que esse: apenas afaste as distrações e desfrute dessa conversa.

O que fazer diante das adversidades
Construa um castelo com as pedras que atiram em você

—

Não queira nada mais fácil, queira ser melhor.

Era uma vez quatro amigos que se juntaram numa casa na Inglaterra. Estavam buscando onde morar, e um deles ofereceu a casa de um primo para que passassem uns dias. Esses amigos estavam aprendendo a cozinhar, e um deles deixou uma panela no fogo ligado enquanto os outros estavam no quarto. A panela continha óleo quente e, quando o fogo começou na cozinha, eles não perceberam de imediato, mas assim que abriram a porta do quarto viram as labaredas.

A cena era de filme.

Um dos rapazes pensou em jogar água, mas o outro se lembrou de que a água em contato com o óleo quente não era uma boa ideia e, com um cobertor no braço, conseguiu pegar a panela e jogá-la pela janela.

Os armários pegaram fogo, a cozinha ficou destruída e, claro, os quatro amigos foram desconvidados a passar seus dias por lá.

Nem preciso dizer que eu era um deles e que isso está longe de ser uma fábula. Foi a vida real acontecendo. E depois disso nossa alternativa foi viajar até Barcelona, onde outra amiga nos daria hospedagem. Não tínhamos grana, precisávamos de um trabalho e viajamos com a cara e com a coragem até a Espanha, onde os planos também não deram muito certo.

Sem ter onde dormir, vagamos durante todo o dia e encostamos na marquise do metrô para passar a nossa primeira noite de sono oficialmente como *homeless*, tradução literal de "sem-teto".

Por pior que aquilo pudesse parecer, sabíamos que já estávamos no fundo do poço e que pior não poderia ficar. Sem grana, sem ter uma cama para dormir, sem emprego ou qualquer possibilidade, começamos a enxergar que aquilo era um desafio com o qual não contávamos. Decidimos, então, focar a solução: o primeiro passo era procurar um emprego. Nem que fôssemos rodar a cidade toda e ouvir inúmeros nãos, precisávamos lidar com a rejeição até conseguir um sim.

A decisão diante de uma situação adversa deve ser agir. Não dava para esperar um milagre cair do céu ou pedir um prato de comida na estação. Tínhamos que nos concentrar na solução, não no problema. E a barriga roncando era urgente e nos dizia que, se não agíssemos rápido, aquele problema ia se tornar ainda maior.

Muitas pessoas, quando encaram adversidades ao longo da vida, não conseguem se mover para buscar uma alternativa e sair daquele estado. Elas começam a revirar o problema, a falar dele, e de repente se tornam parte desse problema, sem definir qual seria uma solução para sair de onde estão.

Naquela ocasião, se por algum momento acreditamos que pior do que estava não dava para ficar, estávamos sendo otimistas demais. Enquanto procurávamos emprego, nossas mochilas foram roubadas, e aí ficamos de fato sem nada.

Essa foi a primeira – e espero que tenha sido a última – situação em que me vi completamente desarmado e vulnerável. Não tinha uma peça de roupa, um teto, um prato de comida, mas naquele dia decidi que não dormiria sem um emprego.

Entrei em quase todos os pequenos comércios da cidade, decidido a sair empregado, e foi numa sorveteria que veio o tão esperado sim. A partir dali, com a hora paga, consegui arranjar um local para dormir e transformar aquela realidade.

Contando assim, depois de tantos anos, até parece que foi só um perrengue qualquer, mas o fato é que sempre que relembramos aqueles momentos de nossas vidas, quando o calo realmente apertou, entendemos como encontramos a força para superar as adversidades.

Dormir na rua pode ter sido a coisa mais atípica que já me ocorreu, mas são esses momentos que nos trazem lições e nos fazem enxergar as ferramentas internas que temos para enfrentar cada uma das situações complicadas que se mostram diante de nós.

Muitas vezes criamos cenários terríveis na mente e, em vez de usar nossa imaginação para pensarmos em sonhos, soluções, ou em alguma forma de sair daquela dificuldade, jogamos água no óleo pegando fogo – e damos ainda mais combustível ao incêndio que pretendíamos apagar.

A vida nos traz infinitas possibilidades, oportunidades e desafios. Todos os dias encontramos situações com as quais ainda não tínhamos nos deparado, e elas são como fases de *videogame*: se não superamos cada uma dessas fases, é *game over*.

As adversidades sempre nos fortalecem de alguma forma: seja escancarando diante de nós algo que não tínhamos previsto e a que deveríamos estar atentos, ou exigindo momentos de lucidez e coragem.

Sou da opinião de que todos nós temos um arsenal interno para lidar com todos os tipos de dificuldades quando estamos dispostos a acioná-los. As adversidades externas nos assaltam e parecem tirar tudo do eixo, trazem caos e desordem. Nesses momentos, é como se as cartas do jogo estivessem sendo embaralhadas para que pudéssemos espalhá-las da maneira como acreditamos que devam ser jogadas.

Já vi pessoas perdendo a razão e o equilíbrio diante de problemas simplesmente por serem incapazes de sair de dentro deles para enxergar um novo caminho.

Talvez você não goste, mas vou entrar em outro assunto aqui para lembrá-lo do que somos feitos. Eu acredito que o único problema sem solução é a morte. Para todos os outros, existe uma saída.

A primeira dose que você precisa tomar quando está numa adversidade é de coragem, e, logo depois, deve resgatar sua fé. A fé, desvinculada da religião, é aquela potência máxima de acreditar em algo sem conseguir enxergar. Sem criar uma ilusão ou uma fantasia idiota a respeito do que temos adiante, pois isso nos aliena. Precisamos alimentar uma fé consistente de que existe um caminho que pode se abrir a partir da dificuldade em questão.

Conforme acreditamos em algo, uma transformação acontece dentro de nós. Recebemos um superpoder, algo quase sobrenatural que nos faz entrar em campo e desafiar todas as leis. E a fé é uma ferramenta que não se transfere de uma pessoa para outra. Você precisa entender exatamente no que acredita e buscar fortalecer aquela crença.

Em momentos de adversidade, o que devemos fazer é nutrir a nossa força. Não adianta ficar conversando com aquela pessoa que lhe diz que não adianta dar mais nenhum passo, ou com o familiar que vai jogar um balde de água fria em seus sonhos. A realidade por si só é massacrante, e uma simples conversa com alguém que vai colocar pedras no seu caminho pode enterrar de vez os seus sonhos.

Na hora em que surge o problema, não dá para ficar no buraco e esperar ser enterrado. Eu sei que a vontade de fechar os olhos e esperar tudo passar é grande demais, mas é justamente a sua ação que vai modificar a realidade. Não dá para esperar passivamente que o mundo colabore com seus sonhos, que as oportunidades surjam num passe de mágica, se você não levantar do sofá e não direcionar sua energia para algum objetivo.

O problema das pessoas é que elas só conseguem perceber que estão no meio do furacão quando estão sendo arrastadas. E os sinais vão chegando: um furacão não chega do nada. É um dia depois do outro, com pequenos indícios de que o mau tempo se aproxima. Mas preferimos ignorar os sinais.

Eu sei que a pessoa que sou hoje é uma construção. De erros e acertos. De adversidades que me conduziram à vitória. E é claro que aquele cara que um dia deixou de fazer a prova do vestibular para ir a um jogo de futebol forjou situações que me fizeram refletir sobre o caminho que eu estava trilhando.

É preciso ter foco, mas não foco em inventar desculpas para lhe convencer de que o seu problema é insolúvel. É preciso ter foco não para destruir sua mente, mas para chegar a certezas. É preciso ter foco na direção que você quer, porque você vai chegar lá. Você vai chegar à destruição total se concentrar sua energia nisso, ou então vai chegar à superação e conseguir superar o problema se colocar sua energia nessa direção.

Todo mundo está cansado de saber que o foco expande as coisas. E pode expandir tanto o problema quanto a solução. O foco dimensiona, aumenta as coisas. Se você ficar procurando motivos para reclamar, encontrará milhares deles. Se buscar motivos para agradecer, também. *Então, por que direcionar o foco na expansão do que está dando errado?* Não estou dizendo para você ignorar a parte difícil do processo, mas sim para deixar de romantizar o sofrimento, guardando seu papel de vítima das situações, de guerrilheiro das redes sociais. Não adianta nada inflamar as situações com mais ódio, com palavras de indignação. Você precisa se concentrar naquilo que vai levá-lo a algum lugar. Ou melhor: rumo à solução.

Muita gente faz uma espécie de lavagem cerebral para se blindar de problemas e acaba ignorando as adversidades, fazendo de conta que a vida é uma novela ou um conto de fadas. E isso é um atestado de ignorância, porque, quando você se aliena dos problemas que deveria estar enfrentando, eles se multiplicam. E você vai ficando menor. A positividade vazia não leva a lugar nenhum: ela precisa nascer da vontade inesgotável de vencer um obstáculo. Tem que vir da gana de transformar por meio de ações, não só de palavras "good vibes" ou ataques. É hora de sair do sofá, da frente do celular, e encarar a vida de verdade. Mesmo que ela o destrua, que o vire do avesso, que mostre a pior face de quem você é. Se você estiver disposto a criar uma nova realidade por meio das suas crenças, nada nem ninguém vai segurá-lo.

"O que fazer diante das adversidades" deveria ser matéria de escola, porque, a partir do momento em que você nasce, a vida acontece. Surgem eventualidades, situações difíceis e inesperadas. Ruins, boas. A forma como você reage a cada uma delas é que vai pautar a sua vida e a sua trajetória. O seu papel em branco está dado no momento em que você nasce. A caneta é opcional. Você pode delegar a alguém a função de escrever a sua história ou criar o seu destino, sua rota de voo e sua vida.

Já está na hora de parar de reagir a tudo e começar a construir o mundo que você quer. A vida que quer levar, a história que quer contar. Chega de dar mil voltas num problema e se apegar a ele. Chega de criar desculpas para não sair do lugar. Chega de acordar e de ir dormir sem qualquer avanço em direção aos seus sonhos. Chega de ficar estagnado, de soluçar pedindo para alguém resolver sua vida.

É você quem vai riscar a palavra "dificuldade" do dicionário a partir do momento em que entrar em ação, que vai direcionar seu suor para enfrentar aquilo que mais teme e parar de girar em círculos, voltando sempre ao mesmo lugar.

Se é para ficar cansado, fique cansado de si mesmo, das suas reclamações, da sua insatisfação, da sua mania de não fazer nada diante de algo que pede sua ação. É só o movimento que cria oportunidades para dissipar os problemas.

Desperte, siga em frente e vire essa chave.

Na inércia, enquanto não tomamos nenhuma atitude diante do inesperado é que se propaga aquele vício mental negativo, uma espécie de pensamento que cola na mente e fica ali dizendo "nada vai dar certo. O que faremos agora?".

O próximo passo só depende de você.

Recapitulando...

Na adversidade, o único problema é ficar paralisado

» Não espere que a adversidade fique insolúvel
Heródoto disse: "A adversidade tem o efeito de atrair a força e as qualidades de um homem, que as teria adormecido na sua ausência". Devemos agir prontamente diante das adversidades, antes que elas nos dominem por completo. Aquilo que não nos mata nos deixa mais fortes.

» Risque a palavra "dificuldade" do seu dicionário
Devemos parar de procrastinar, de esperar a solução cair do céu e de ficar andando em círculos. Quando começamos a pensar primeiro em como resolver as adversidades e reagimos a elas de forma positiva, nosso foco se expande e criamos coragem para resolver o próximo problema.

A essência do que fazer diante das adversidades

Problema não se adia, se resolve. Um problema postergado torna-se maior e mais penoso amanhã. Logo, a cada dia ele se torna mais insolúvel.

As adversidades sempre vão nos fortalecer de alguma forma, seja nos mostrando o caminho certo por meio do erro ou exigindo momentos de lucidez e coragem.

Dica prática
para lidar bem com as adversidades

Pessoas desesperadas fazem coisas desesperadas. Em um momento de adversidade, você precisa, em primeiro lugar, manter a calma.

A melhor saída é acalmar os pensamentos para não tomar decisões precipitadas e ter clareza sobre o tamanho do problema.

Aqui vão duas dicas:

» Modelagem: pense em três pessoas que você admira muito e se pergunte, refletindo por alguns minutos: o que o Fulano ou a Fulana faria no meu lugar?

» Tome um banho gelado de cinco minutos. Isso lhe dará um choque e você não vai conseguir pensar em mais nada a não ser na temperatura fria da água e no desconforto. Você vai literalmente esfriar a cabeça, e por um momento será a única coisa em que vai pensar.

Com os pensamentos no lugar certo, revisite seu quadro de sonhos e avalie se esse problema pelo qual você está passando é maior do que algum deles.

Agora tudo fica mais simples e você tem tudo de que precisa para começar a resolver.

Mentalidade resolvedora
O grande segredo para resolver qualquer situação

—

Você é o dono do jogo?

Você entendeu que as adversidades não podem paralisá-lo, mas *como realizar ações efetivas e manter a mentalidade correta para estar bem preparado? Para sanar problemas que acontecem no dia a dia a fim de que não se tornem monstros incontroláveis?* É disso que vamos falar agora.

Talvez você já tenha assistido à final de uma partida de tênis. Se não viu, vou lhe contar basicamente o que Roger Federer – considerado o melhor jogador da história – faz quando está nas quadras. A primeira vez que o vi jogar, fiquei paralisado: desde o começo do jogo ele mostrava que estava no controle e mandava a bolinha para onde queria. Enquanto o adversário suava para correr atrás da bola, Roger estrategicamente sabia que, enquanto o outro reagisse e corresse atrás do jogo, ele estaria na frente.

Durante muito tempo eu não entendi essa lógica. Eu era o cara que rebatia, que jogava do jeito que dava, que ia vivendo o que a vida me trazia, mas certo dia percebi que ou você constrói a vida que quer, ou aceita a vida que vier. E que, se eu quisesse construir a vida dos meus sonhos, teria que assumir o controle em algum momento ou aceitar que alguém decidiria o meu futuro por mim.

Eu trabalhava na cidade de Münster, na Alemanha, como garçom e ganhava um salário de oito euros por hora. Era um dia quente, mas eu sabia que, com chuva ou com sol, não importava quanto esforço eu fizesse, meu salário seria integralmente pago. Isso condicionava alguns garçons a fazerem corpo mole. De que adiantaria correr tanto se, no final da jornada, a grana estaria no bolso?

Só que eu notava que, além do salário, eu tinha as gorjetas. E lá a gorjeta não era 10% da conta. Na Alemanha, o valor espontâneo saía do bolso do cliente direto para o do garçom, e isso dependia da maneira como o cliente era tratado. Se eu atendia bem, sorria, era rápido e proativo, terminava o dia com uma boa grana no bolso. Se eu esperava que me chamassem e entregava o mínimo possível, a gorjeta era menor.

E o principal: quanto mais gente consumia, mais eu ganhava.

Assim, eu ia trabalhar torcendo para que houvesse sol. Ficava na porta do restaurante convidando as pessoas a entrarem, fazia meu melhor, e, a cada mesa servida, um sorriso de satisfação surgia no meu rosto. Eu não queria só oito euros por hora. Eu começava a entender o que era renda variável e sentia o gostinho dela, principalmente porque, quanto melhor atendia, mais resultado eu obtinha.

Atender bem era necessário. Não apenas para mim, como também para o dono do estabelecimento, que começou a perceber que eu queria que o restaurante fosse bem também. Ele então me promoveu e comecei a ver o benefício de estar alinhado com a visão do dono. Isso melhorou a vida para os meus colegas também porque, no final do expediente, pleiteamos uma cervejinha na hora de fechar enquanto arrumávamos o local.

Era o conceito de cooperação sendo aplicado na prática.

Pode parecer simples, mas fazer mais que o necessário e torcer pelo coletivo é algo que está em desuso atualmente. Muitas pessoas preferem a comodidade de ter alguém resolvendo tudo, o dinheiro pingando no fim do mês, e não precisar pensar demais na direção para onde se vai.

Só que, quando agimos dessa forma, a vida nos leva para onde ela quer – e geralmente esse lugar está distante de onde estão nossos sonhos.

O jeito? Fazer igual ao Federer: ser o dono da bola e estar no controle, sem ficar apenas reagindo aos acontecimentos.

O que diferencia um empregado de um empregador é o apetite por criar soluções. Geralmente o empresário tem mais disposição para investir tempo, energia e dedicação e sabe que lá na frente terá um retorno daquele investimento. Ele não deixa o jogo correr solto, ele não reage – sabe onde quer mandar a bola e o que precisa fazer a todo instante.

Ao longo do tempo, desenvolvi a teoria de que todos deveriam ter uma mentalidade resolvedora.

E o que é resolver algo? É saber pegar a bola e mandar para onde você quer que ela vá. Transformar conhecimento em ação e, consequentemente, em resultado. Num mundo de excesso de informações, as pessoas mais valiosas são as que conseguem resolver problemas cada vez mais complexos. E, quanto mais problemas você resolve, mais habilidades desenvolve em enfrentar situações dinâmicas que exigem tomadas de decisão rápidas.

Na vida precisamos ser ágeis na solução de problemas. E isso não quer dizer que devamos cultivar problemas como se fossem nossos filhos. Uma coisa é olhar para o problema, outra é carregá-lo consigo para onde você for.

Certa vez, eu estava numa reunião com minha equipe e uma pessoa chegou contando sobre seu problema. Ela estava agarrada ao problema, como se tivesse orgulho do tamanho dele. Era como se naquele dia estivesse chovendo e, em vez de olhar para a chuva, a pessoa dissesse que não gostava de chuva, que não queria que estivesse chovendo e que preferia o sol. Mas o que acontecia era inevitável, e a solução era apenas comprar um guarda-chuva para sair na rua.

A verdade é que, em vez de focar a solução, as pessoas expandem o problema até que ele se torne uma catástrofe. O maior problema, na verdade, é não conseguir lidar minimamente com a realidade e buscar uma solução simples, parando de criar mais problemas dentro do problema que já existe.

Quando digo que 90% do que as pessoas chamam de problema é só "a vida acontecendo" é porque percebo que o peso que damos aos problemas é sempre muito maior do que eles realmente são. Gastamos energia criando fantasmas em vez de lidar com aquilo imediatamente.

Problemas precisam ser resolvidos. E uma boa estratégia para entender se você é um bom resolvedor é perguntar a si mesmo se pagaria para ir a uma palestra sua e ouvir todos os seus problemas e as soluções que encontrou para cada um deles ao longo da vida.

Reviver todos os problemas que você teve e enxergar como você ficou mais forte com eles é uma maneira efetiva de treinar sua mentalidade resolvedora, porque, revisitando o passado, você começa a enxergar como se fortaleceu. Dessa forma você vai criando casca e não fica se apegando ao problema como se fosse um filho.

Mas, como dizem, a desgraça conecta.

Sempre que estou na fila do banco ou em lugares públicos, tento fazer contato frio – ou seja, uma primeira conversa com alguém com quem nunca falei anteriormente.

Nessas ocasiões, fico atento e sorrindo e, quando alguém cruza o olhar com o meu, solto alguma frase. Geralmente um bom-dia simpático, que a pessoa devolve com um sorriso amarelo.

Quando mudo de estratégia, espero que olhem para mim e digo algo como "que fila longa, todo dia é a mesma coisa", ou uma lamentação qualquer. É inevitável: mais de uma pessoa se conecta com a reclamação e continua a alimentá-la.

Se todo mundo que se agarra às reclamações sobre os "problemas" usasse a mesma energia para falar de sonhos, a vida seria bem diferente. Teríamos mais soluções, mais conexões, mais resultado em vez de cavarmos um buraco cada vez mais fundo para enterrar a própria cabeça.

No fundo, como já disse anteriormente, não impedimos o passarinho de pousar sobre a nossa cabeça, mas a decisão se ele fará um ninho sobre ela é nossa.

Ter uma mentalidade resolvedora é estar diante de problemas e, além de solucionar, pensar como o enxadrista, que não olha apenas para a jogada: ele fica espreitando o próximo passo do adversário e antevendo o que virá depois para evitar maiores danos ou consequências.

Um exemplo clássico é quando deparamos com algo que precisa da nossa atenção imediata e fazemos algo para fingir que não precisamos olhar para aquilo. Por exemplo: você está no restaurante e quer conversar com sua esposa, mas não consegue manter seus filhos quietos. Em vez de aprender a conversar com eles, educá-los ou dar atenção a eles, você lhes dá um tablet para que fiquem quietos. Algum tempo depois, vem a reclamação de que a criança não consegue sair da tela e não interage com as pessoas, ou não sabe ficar ociosa. O que era algo simples, que poderia ter recebido sua atenção imediata, acaba se tornando um problema muito maior.

É comum que, ao tapar o sol com a peneira para fugir do problema inicial, criemos problemas ainda maiores. E por isso existem os dois extremos: primeiro o dos que carregam o problema consigo e não o resolvem, ficam apegados a ele durante anos, levando-o para cima e para baixo, falando sobre ele, mas nunca param para resolvê-lo, e, quando a solução surge, não fazem nada a respeito porque estão apegados demais e não conseguem viver de outra maneira. "Ó, vida, ó, céus."

E existe também a turma que guarda cadáveres no porão.

Nossa, Lucas, como assim?

Na Alemanha dizem muito uma expressão que, traduzida ao pé da letra, é justamente isso: Você tem cadáveres no porão.

E quem tem um cadáver no porão tem a intenção de esconder alguma coisa que ninguém está vendo. Você não quer conviver com aquilo, e colocou no porão para que não o incomode. Só que a sua casa começa a cheirar mal, e, quanto mais tempo aquele cadáver permanece lá, mais insuportável fica.

Estamos habituados a passar um pano, a jogar a sujeira para debaixo do tapete e ir deixando aquilo de lado, ou porque achamos que alguém vai resolver por nós, ou porque achamos que a vida vai trazer a solução, mas a solução não vem, e o que era um pequeno desafio torna-se algo insustentável.

Problemas fazem parte da vida. Quando eles chegam, observe se dá para resolver imediatamente e, se não for prioridade naquele momento, tenha discernimento para entender qual é o potencial de dano.

» É urgente?
» É importante?
» Quanto vai lhe custar deixá-lo ali mais um dia? Mais uma semana?

A questão é que, a cada dia que passa, aquilo que poderia levar pouco tempo para ser resolvido pode se tornar uma tremenda bola de neve.

Houve uma época em que minha família tinha uma casa de praia. Nós íamos muito pouco para lá. Certa vez, eu e meu irmão percebemos que havia cupim no armário da sala. Como era preciso chamar alguém para fazer a descupinização, deixamos para depois. Íamos bem raramente para essa casa, então fomos empurrando aquele problema com a barriga.

Afinal, que mal havia naqueles pequenos cupins?

Acontece que os pilares da casa eram de madeira, assim como grande parte dos armários. Os dias foram passando, tornaram-se meses, e pouco mais de um ano depois do primeiro cupim o teto da sala de jantar desabou.

Tudo porque não eliminamos o cupim logo que descobrimos o problema.

Tivemos que demolir metade da casa, e o que era barato saiu caro.

Depois disso, nunca mais subestimei um problema pequeno, porque, com o passar do tempo, ele tem potencial de crescer, de se multiplicar, e você só o resolve quando ele literalmente cai em cima da sua cabeça, como aconteceu com a casa de praia da minha família. E aí já é tarde demais.

Muita gente também alimenta a crença de que basta ser positivo que os problemas não vão acontecer. Essas pessoas estão empurrando o cadáver para o porão assim como quem tenta contornar o problema em vez de encará-lo.

Você provavelmente deve ter ouvido a fábula da cigarra e da formiga na sua infância. A cigarra passava os dias a cantar, zombando da formiga, que trabalhava sem descanso. A formiga trabalhava sem parar e, quando veio o inverno, tinha provisões para poder ficar em casa. Já a cigarra, sem ter o que comer, bateu na porta da casa da formiga para pedir ajuda. E a formiga a fez entender que a vida não era só cantar.

Não precisa ser a formiga 100% do tempo, trabalhando exaustivamente e prevendo os problemas que virão. Dá para cantar e curtir a vida como a cigarra, mas não é possível viver cantando e ignorando o trabalho e as coisas que precisam ser feitas.

É preciso respeitar os períodos e os ciclos da vida, verões, invernos, e criar ritmos de trabalho que respeitem seu organismo, seu descanso, sua alegria e prazer. Assim você fica fortalecido para enfrentar os problemas que vierem, porque eles certamente virão. Se você for o tipo de pessoa que ignora as adversidades o tempo todo, achando que nunca chegarão, sofrerá como a cigarra, que se achava imune às preocupações do dia a dia.

A vida não é uma novela, mas pode ser uma história poderosa, e nessa jornada você vai encontrar a sua força para resolver os problemas que surgirem. Quanto mais agir em direção à resolução desses contratempos que surgirem, mais perceberá que o seu superpoder vem à tona quando você entende que ninguém vai descer do céu e resolver a sua vida. Se você quer ter o controle do seu destino, sabe aonde quer chegar e pretende chegar sem desviar do que estiver à sua frente durante o percurso, consegue criar uma espécie de blindagem contra as eventualidades.

Elas chegam e você não as joga no porão para fingir que não estão lá. Você simplesmente enfrenta o que vier e não ignora que os percalços serão lições preciosas que vão deixá-lo ainda mais forte e preparado para seguir em frente.

O teto da sala de jantar só cai na sua cabeça se você ignorar por muito tempo pequenos problemas que um dia se acumulam e multiplicam, criando um grande e incalculável transtorno. Se o teto não cair, você continua ignorando e fazendo de conta que num passe de mágica a situação vai se resolver.

Pare de reagir ao jogo, de suar feito louco tentando sobreviver à partida. Encare a bola e entenda que, se quiser estar no controle, se quiser ser o dono do seu jogo, é preciso dominar a partida e não ser quem apenas reage. Domina quem arrisca, quem erra, quem perde. Mesmo assim, você estará jogando o jogo que quer, não o que veio parar nas suas mãos.

Que jogo você está jogando hoje? Você está desenvolvendo uma mentalidade resolvedora, tomando as decisões que irão construir seu futuro, ou está paralisado pelos acontecimentos, só pedindo aos céus que enviem um milagre para livrá-lo das situações que não consegue evitar?

Para resolver, é preciso agir, escolher, decidir. E quem esconde cadáveres no porão, no fundo, é um deles.

Viver sem ser o dono da própria vida é o mesmo que deixar que carreguem seu corpo para onde acham que não vai atrapalhar.

Não seja um cadáver que respira e que espera que os outros decidam onde você vai estar. Pare de reagir.

Enquanto estiver vivo, a sua vida está nas suas mãos.

Recapitulando...

Torne-se um solucionador de problemas

» Concentre-se na solução
Devemos assumir o controle do nosso jogo. Resolver é mandar a bola para onde queremos que ela vá. Precisamos sempre focar a solução e não o problema quando queremos solucionar algo.

» Divida o problema em pequenas partes
A base da mentalidade resolvedora é segmentar o problema em vários pequenos pedaços. A grande vantagem aqui é resolver qualquer impasse, por maior que seja, com o foco voltado para a solução de cada parte e não para o problema inteiro. É possível comer um elefante inteiro se o cortarmos em várias fatias.

» Não deixe para depois aquilo que você pode fazer hoje
Se empurrarmos com a barriga todas as nossas obrigações, por mais difíceis que pareçam, no final teremos uma bola de neve gigante e indissolúvel. Problemas velhos sempre trazem problemas novos, e, se não os matarmos o quanto antes, seremos esmagados por eles.
Não guarde cadáveres no porão.

A essência de uma mentalidade resolvedora

Resolver um problema é transformar conhecimento em ação na hora certa e, consequentemente, em resultado. As pessoas mais valiosas são aquelas que conseguem resolver problemas cada vez mais complexos. E quanto mais problemas você resolve, mais habilidades desenvolve ao enfrentar situações dinâmicas que exigem tomadas de decisão rápidas. Cada vez mais a confiança aumenta e o ciclo começa.

Nunca adie problemas: eles precisam ser resolvidos imediatamente. Uma boa estratégia para entender se você é um bom "resolvedor" é perguntar a si mesmo se pagaria para ir a uma palestra sua e ouvir todos os seus problemas e as soluções que encontrou para cada um deles. Aprenda a crescer com seus problemas, porque eles sempre existirão. Não deseje menos problemas, deseje *ser melhor*.

Dica prática
para ter uma mentalidade resolvedora

Os quatro passos do resolvedor:
» Identificar e detalhar as situações que precisam ser resolvidas.
» Classificar essas situações por prioridade e definir a ordem em que vai resolvê-las.
» Pensar em três alternativas para cada situação.
» Avaliar as alternativas e escolher a melhor para implementar.

Escrever no papel é a primeira e melhor maneira de estruturar rapidamente uma linha de raciocínio. Identificar e classificar as prioridades amplia a sua visão sobre a situação e faz você refletir sobre possíveis soluções. Com isso, sua criatividade aumenta e você consegue criar melhores possibilidades para resolver o seu problema.

Realitätsnah
Aterrizando os pensamentos

—

Torça para o melhor, prepare-se para o pior e esteja pronto para o que vier.

Eu estava naquela reunião por acaso. Na verdade, tinha sido chamado por um amigo que iria ouvir as ideias de uma jovem empreendedora que procurava um investidor-anjo para o seu projeto. Enquanto ela falava, eu notava o quanto era entusiasmada pelo seu sonho. Seu tom de voz decidido trazia paixão, e aqueles pareciam os ingredientes certos para que entrasse em ação. O aporte financeiro que pedia era uma quantia considerável e o vento parecia soprar a seu favor, só que ela desconhecia tanto o sentido quanto a pertinência da palavra *realitätsnah*.

Escutei essa palavra enquanto morava na Alemanha. Eu via os alemães se debruçarem sobre as ideias e possibilidades de algo dar errado sempre que começavam a executar um plano que tinham acabado de botar em prática. Eu era um estudante universitário e já conseguia perceber por que eles não conheciam as taxas de mortalidade de empresas com que os brasileiros estavam habituados. Enquanto no Brasil grande parte dos negócios quebrava ainda no primeiro ano de vida, lá, quando o projeto saía do papel, é porque ele tinha sido esmiuçado, estraçalhado do avesso até que todas as possibilidades pudessem ser contempladas.

Era isso que quer dizer *realitätsnah*, palavra que, traduzida literalmente, seria algo como "pensamento prático". Em português claro, eu diria que quer dizer "colocar a bola no chão".

Eu não era o investidor daquela rodada, não iria abrir a carteira diante da jovem empreendedora, mas sabia que ali não estava em jogo a competência dela para colocar o plano em ação – por mais apaixonada que fosse pelo projeto, era evidente que, depois de duas ou três perguntas, ele não *parava de pé*.

Sua apresentação era resumidamente uma odisseia mágica, considerando que o mundo era cor-de-rosa, e que tudo seria um caminho linear do ponto A (que era basicamente a ideia inicial) ao ponto B (onde estaria lucrando milhões). Na prática, era uma ideia longe de ser ousada: era quase inconsequente. E nada me fazia crer que, mesmo que injetasse dinheiro ilimitado naquele projeto, os meses seguintes seriam parecidos com o cenário que ela pintava.

Se eu estou aqui dizendo isso para você, é porque já fui esse jovem sonhador que quebrou a cara por acreditar que era só "querer" chegar de um ponto ao outro.

O fato é mais parecido com a história - verídica - que vou lhe contar agora.

Eu tinha acabado de entrar na faculdade na Alemanha e estava apaixonado pela ideia de viajar pela Europa. Tudo era tão perto e podia ser feito de maneira tão dinâmica que, mesmo sem dinheiro, eu conseguia carona e viajava conhecendo alguns lugares em que sempre tinha sonhado estar.

Certa noite decidi que ia viajar pelo Oriente Médio fazendo exatamente a mesma coisa: pedindo carona e conhecendo cada lugar. Coloquei a mochila nas costas, peguei o voo mais barato que podia e parti para Israel, de onde começaria a minha peregrinação.

A ideia era romântica: um mochilão pelo Oriente Médio, conhecer a cultura local, viajar o mundo. O que poderia dar errado?

Quando estamos entusiasmados com uma ideia, o tal *realitätsnah* nem passa pela nossa mente. Ficamos tão obcecados em viver o sonho que não fazemos o arroz com feijão, que é o básico para quem quer tirar um sonho do papel – prever o que será necessário e o que pode dar errado, por exemplo, com uma visão um pouco mais realista da situação, sem estar emocionalmente envolvido com ela.

É claro que, se eu tivesse pesquisado minimamente o Oriente Médio antes de partir para aquela jornada ou conversado com alguma pessoa que já visitou o lugar, estaria munido da seguinte informação: "Lucas, ali você não vai conseguir carona".

Só que eu não conversei com ninguém que tivesse feito algo parecido com a ideia que eu queria executar. E é claro que logo no primeiro dia meu plano naufragou. Eu queria pegar uma carona de Tel Aviv para Jerusalém. Aquela carona clássica, em que você vai para a rua e levanta o dedo, eu percebi ainda na Europa que a chance era pequena, ou seja, já tinha testado. Então eu abordava alguém num posto de combustíveis de grande circulação e perguntava para onde a pessoa ia. Na sequência, dizia: "Estou indo pra lá, você pode me levar?".

Como todo vendedor, eu sabia que, se falasse com dez pessoas, uma ia dizer sim. Aliás, todo vendedor sabe que o produto que ele mais vende é aquele que ele mais oferece, porque o que ele oferecer é o que vai virar. Eu entendia que, depois de algumas recusas, alguém ia aceitar me levar.

Só que não.

E aqui vamos falar um pouco sobre hábitos. Seja lá o que você for fazer, não adianta desprezar os hábitos do local onde está realizando seu "piloto de teste". Eu não tinha como implementar o hábito da carona num local onde não havia essa cultura. Depois de oito horas tentando, percebi que, mesmo que abordasse centenas de pessoas, não conseguiria aquela carona tão sonhada.

Não estava na minha mão me esforçar mais ou tentar mais. Não era uma força ou fraqueza minha. Aquilo não ia rolar e ponto-final.

Quando entendi que a viagem não ia sair do jeito que eu havia imaginado, percebi que precisava ter mapeado todas as possibilidades antes de me ver vulnerável e sem dinheiro num país onde eu julgava ser possível viajar de carona.

Esse foi o primeiro dia de uma longa viagem, que traria outras surpresas. Conheci lugares que não tinha planejado, fiz coisas que estavam fora do orçamento apertado e, como Israel faz fronteira com o Egito, fui até o Cairo, de onde precisaria voltar, uma vez que meu voo de volta para Alemanha partia de Tel Aviv.

E aqui começa a segunda parte da história. Eu diria que a mais emocionante e improvável de todas elas.

Do Cairo até Tel Aviv, o percurso durava dezoito horas de ônibus. Tudo seria perfeito, porque eu embarquei no ônibus quatro dias antes do meu voo. Mas quem poderia adivinhar que o ônibus ia quebrar bem no meio do deserto?

Logo que paramos, meu coração disparou. Eu sabia que nada estava acontecendo dentro do que eu tinha imaginado. As primeiras horas foram tensas, e ninguém sabia se sofreríamos um ataque, mas depois de dez horas apareceu a polícia local, que ficou conosco até que o resgate aparecesse, vinte horas depois.

Foram aproximadamente trinta horas no meio do deserto, com frio, fome, vulnerável ao extremo e imaginando milhares de possibilidades para o desfecho daquela história. Por sorte, naquele momento, fiz um amigo muçulmano que era palestino, morava em Israel e consegui me acalmar. Conversamos durante boa parte do tempo e, ao chegarmos a Jerusalém, onde eu passaria a última noite antes de seguir viagem na manhã seguinte rumo a Tel Aviv, ele fez uma proposta.

– Olha, vou te convidar para viver algo que pouca gente do seu mundo já viveu. Esta noite acaba o Ramadã, e vai acontecer uma grande festa na mesquita de Al-Aqsa, onde só pode entrar o povo muçulmano. Você vai colocar uma roupa parecida com esta e entrar comigo.

Fiquei alucinado com a ideia. Aquela mesquita, cartão-postal mais famoso de Jerusalém, com sua cúpula dourada, era o terceiro lugar mais sagrado do islamismo e ficava no alto de um morro na parte velha de Jerusalém. O acesso à área era fechado a qualquer não muçulmano. Eles acreditavam que a pedra que ficava debaixo do Domo da Rocha era o local onde o profeta Maomé subiu aos céus depois de uma viagem milagrosa. Tudo isso justo no dia em que terminava o Ramadã, período de 40 dias de jejum durante o qual os muçulmanos fazem orações intensas. Aquela era a noite do decreto, na qual eles acreditam que descem os anjos com a anuência do Senhor para executar todas as suas ordens. Era uma noite de paz até o romper da aurora.

Fiquei fascinado com tudo aquilo. Ia entrar na tal cúpula dourada e só pensava "Meu Deus, que fechamento!". Já considerava uma bênção o ônibus ter quebrado, me imaginava entrando naquele local sem que ninguém notasse e participando de uma cerimônia rara, que acontecia uma vez por ano e para um grupo seleto de pessoas.

Coloquei a vestimenta e, quando deram oito horas, partimos juntos. Percebi que o Exército de Israel estava na porta. Mas o que poderia acontecer de mal numa noite tão abençoada? Por que o Exército mais bem treinado do mundo ia desconfiar da presença de um não muçulmano loiro, de um metro e noventa, fantasiado, tentando entrar num local sagrado?

Naquele momento aquilo nem me passava pela cabeça. Eu era um jovem sonhador que tinha uma ideia brilhante e acreditava que a realização estava a um estalar de dedos.

Quando o soldado me fuzilou com o olhar, desviei, então ele me chamou, perguntando algo em um idioma que eu não conhecia. Como eu não soube responder, ele fez a pergunta em inglês, se eu era muçulmano. Eu disse que sim. Claro que disse que sim. Não sabia que ali a presença de um não muçulmano poderia acabar em assassinato, que se eu entrasse naquele local sagrado seria uma grande ofensa aos palestinos e que poderia ser trucidado. Não sabia nada disso quando respondi.

Mas o soldado insistiu, em outro idioma. Como eu não soube responder, bastaram alguns segundos para que outros surgissem por trás, me imobilizassem e começasse a sessão de "tortura".

Fui levado para uma sala onde fui interrogado durante as quatro horas seguintes. Tudo parecia um filme de terror. Eles perguntavam as mesmas coisas de maneiras distintas, eu tentava colaborar, mas depois de uma madrugada toda mudei o tom e pedi um advogado. Não estava certo se em algum momento iam me dar alguma credibilidade ou se ia morrer ali mesmo. Aleguei que, se não falassem com a Embaixada da Alemanha naquele momento, teríamos problemas.

O fato é que, quando mudei o tom, me levaram para a sala de outro cara, que era o general.

Diante dele, abri o jogo:

– Sou um turista curioso, viajei para cá e o cara falou que eu ia ver uma coisa incrível. Fiquei fascinado com a possibilidade, mas agora só quero ir embora. Não posso perder o meu voo.

Educado, ele me ouviu e disse, com a voz calma:

– Eu entendo tudo isso... acredito em você... Só queria entender o que um sujeito que se diz muçulmano e sabe que é um pecado mortal levar um infiel lá para dentro queria com você exatamente. Se você fosse descoberto dentro da mesquita, poderia ter sido assassinado. O Exército de Israel salvou a sua vida, rapaz.

Fui liberado logo depois dessa conversa. Eles me levaram de carro até o aeroporto e, chegando lá, logo que apresentei o passaporte, outra enrascada. Fui levado para uma sala, me mandaram tirar toda a roupa e eu contei minha versão dos fatos.

No fim de tudo, embarquei a tempo e retornei para a Alemanha.

O que essa história ilustra? Que, quando estamos indo do ponto A ao ponto B, a linha nunca vai ser uma reta. Eu poderia acreditar que a viagem pelo Oriente Médio seria uma aventura percorrida de carona, mas não conhecia os hábitos locais e a primeira coisa que entendi é que não poderia ter ido até lá tão despreparado. E a verdade é que ir de um ponto ao outro na teoria é muito simples. É evidente que não estou dizendo que você deve prever todas as merdas que podem acontecer no meio do caminho. Só que é fundamental entender minimamente para onde está indo.

O pensamento prático é entender que, quando você coloca um plano em ação, pode precisar antever algumas coisas. Não tem como saber tudo o que pode acontecer, mas precisamos estar preparados para o pior.

A partir do momento em que entrar em ação, você não pode ser um adolescente saindo para fazer um mochilão. Precisa ter um conhecimento mínimo sobre o que vai enfrentar e, depois disso, tem de ser responsável pelos seus atos.

O que você precisa entender é que, quando entra em campo, suas ações geram consequências. E é preciso ter a dimensão do que é colocar a bola no chão. Ou melhor, conhecer o máximo de variáveis possíveis do que pode vir a acontecer.

Naquela sala de reunião, em que uma empreendedora parecia ter a dose certa de ousadia para levar uma ideia adiante, ela poderia estar apaixonada o suficiente para começar, mas existia um longo percurso até que aquele sonho pudesse se tornar real; e é necessário mensurar os riscos de cada projeto. Poderia ser jogo ganho se todos os caminhos fossem lineares. Quem dera fossem. Mas vou lhe contar uma coisa que aprendi na prática: eles não são lineares.

Um dia, depois de essa aventura toda no Oriente Médio acontecer, conversei com meu tio, achando que o tal general poderia ter exagerado, e ele contou que eu tive sorte. Ele tinha um amigo historiador que certa vez contratou um guia muçulmano e foi fazer uma jornada pelo mundo árabe. Ele e o guia ficaram amigos. Em dado momento, o tal guia começou a levá-lo a lugares sagrados para os muçulmanos; e, quando souberam que o historiador não era muçulmano, ele foi assassinado, porque esse tipo de ofensa não era aceito.

A verdade é que você pode estar apaixonado pela ideia de entrar em ação, mas é necessário ter senso prático e premeditar o que pode acontecer.

Vejo negócios sendo colocados em execução que beiram o amadorismo. Sem o mínimo de planejamento, e ninguém percebe que aquela ideia é inviável. Quando não dá certo, muitos lamentam, mas é quase óbvio que ia ser uma furada. Um olhar mais clínico detecta que o plano, no fim das contas, nem era tão bom assim.

Nem sempre é preciso o Exército de Israel para desmascarar você.

Acordar para colocar a bola no chão é entender que você precisa saber um pouco mais do que acha que sabe. Perceber suas fraquezas, suas fortalezas, e fazer basicamente uma análise de quais são seus pontos fortes e seus pontos fracos, porque certamente você vai precisar de pessoas que supram as suas deficiências.

Seu despreparo pode lhe custar muito caro. Uma coisa é um risco esperado que faz parte do jogo, outra é ser surpreendido por porradas que você nem sabe de onde vêm.

Pensar em imprevistos, criar cenários hipotéticos, observar e não se acomodar é estar ciente de que, mesmo que tudo esteja indo bem, é necessário ter certo preparo para as adversidades que podem surgir.

Muitas vezes, quando segmentos inteiros implodem, alguns se perguntam: "Mas como é que quem estava nesse segmento não percebeu que isso estava prestes a acontecer?". E a resposta é que essas pessoas, no dia a dia, estão sempre "in the problem", e não "on the problem", isto é, "dentro do problema" em vez de "sobre o problema". Elas não conseguem olhar o cenário de cima porque estão tremendamente envolvidas na situação, então precisam dar alguns passos para trás para enxergar todo o panorama.

É necessário estar antenado a tudo o que pode acontecer – não importa se você está começando ou se já está naquele segmento há muito tempo. Antecipar a próxima tendência em vez de ficar preso à roda, produzindo e apagando incêndios.

Não podemos mais ser inconsequentes e alienados achando que isso é ser positivo. Positividade é esperar sempre o melhor, mas se preparar para o pior e aceitar o que vier. Ao mesmo tempo, quando criamos indicadores de que estamos progredindo de alguma maneira, estamos quantificando se o pensamento prático está sendo efetivo dentro da nossa linha de ação.

Sempre que tiver uma ideia ousada, *realitätsnah*.

Quando quiser fazer algo que nunca fez, *realitätsnah*.

Assim que botar o pé na estrada, *realitätsnah*.

E, antes de meter o pé pelas mãos, veja bem se aquela ideia que lhe venderam é executável. Ela pode ser fascinante, mas você pode acabar preso.

Recapitulando...

A base do pensamento prático

» Planeje e desafie as premissas do plano
Para todo plano de ação, devemos ter o mínimo de planejamento. O papel aceita qualquer coisa, e nossas ideias sobre ir de A até B nunca serão uma linha reta. Por isso, devemos sempre colocar a bola no chão, ser realistas na elaboração do plano, avaliar cenários e aprender com quem possa compartilhar experiências. Somente assim poderemos verificar se nossas ideias são factíveis ou não. Questione as suas ao máximo.

» Espere o melhor, prepare-se para o pior e esteja pronto para tudo
A única certeza que temos é a de que imprevistos vão acontecer sempre. Por mais que o nosso desejo seja estar no controle de tudo o que nos envolve, na prática acontece de maneira bem diferente. Embora não possamos controlar o externo, podemos nos preparar para ele. *Shit happens*. Merdas acontecem. Esteja preparado.

A essência do pensamento prático

Ir de um ponto a outro, teoricamente, é muito simples. A questão é que não é tão fácil assim prever tudo o que acontecerá no meio do caminho. Você só precisa entender para onde quer ir e ter em mente que os caminhos não são retos. Eles sempre são tortuosos.

A grande moral da responsabilidade é você assumir o ônus e o bônus das consequências, e, para isso acontecer, precisa conhecer o que vai enfrentar.

É preciso entender um pouco mais do que achamos que sabemos, conhecer os fatos, trazer nossos pensamentos para mais perto da realidade e aí definir o plano. Não quero que você seja pessimista, mas romantismo demais pode ser perigoso. Por isso, *realitätsnah*.

Dica prática
para aprender a executar qualquer plano

Sempre que tiver algum projeto importante em mente, você deve criar um plano de ação a fim de mapear as atividades e os recursos necessários para atingir seu objetivo e reduzir os riscos e incertezas envolvidos.

Trata-se do método 5W2H. São cinco w, que significam *What* (o quê), *Why* (por quê), *Where* (onde), *When* (quando), *Who* (quem), e dois H, que significam, respectivamente, *How* (como) e *How much* (quanto).

É uma das ferramentas mais eficientes para fazer um planejamento realista e atingir bons resultados.

A melhor forma de fazer isso é sempre colocar qualquer coisa que você queira fazer neste quadro. Exemplo:

WHAT o que será feito?	WHY por quê?	WHERE onde será feito?	WHEN quando	WHO por quem?	HOW como será feito?	HOW MUCH quanto vai custar?
Emagrecer 5 kg	Melhorar a saúde	Casa/ trabalho	Próximos 30 dias	Esposa (para me fiscalizar)	> Cortar açúcar > Caminhar 2 km 3× na semana	Se houver gastos, anote aqui (Investir em nutricionista)

WHAT o que será feito?	WHY por quê?	WHERE onde será feito?	WHEN quando	WHO por quem?	HOW como será feito?	HOW MUCH quanto vai custar?
Treinamento de técnicas de oratória	Aumentar a capacidade de comunicação e cativar mais pessoas	Hotel Fasano	15.12.2021	Fernando	> Levantar empresas de treinamento > Pedir referências > Contratar	2.000 reais

Essa é uma ferramenta muito simples e, ao mesmo tempo, muito poderosa para obter bons resultados. No final, você terá um guia completo sobre como começar e concluir com sucesso qualquer objetivo.

 Agora, se você quiser ter acesso a uma planilha completa onde poderá registrar todos os seus objetivos e aplicar diretamente essa ferramenta, acesse o QR code ao lado. É o meu presente para você!

Liberdade financeira

Muitas pessoas pensam que liberdade financeira é não trabalhar, ter renda suficiente para cobrir todos os gastos e ainda conseguir adquirir tudo aquilo que lhe traz alegria. Mas a verdade é que ser livre financeiramente é algo mais profundo e vai muito além disso. É você não se preocupar com o dinheiro. É ser feliz e estar satisfeito com a vida que leva, sem precisar comprar algo para isso nem condicionar a sua felicidade a alguma coisa material.

Se o seu trabalho lhe dá prazer e o remunera de acordo com o quanto você acha que merece, talvez você seja livre financeiramente. Mas o suprassumo dessa liberdade, para mim, é conseguir descasar por completo a sua fonte de renda do seu tempo. Ou seja, você constrói várias fontes diferentes de renda que, depois de construídas, continuam lhe rendendo ganhos recorrentes mesmo que você esteja se divertindo. Ao longo deste e dos próximos capítulos desta seção, vou ensinar você a fazer isso da melhor maneira possível.

É importante lembrar que vivemos no capitalismo, sistema no qual tudo é atrelado ao dinheiro. Conforto, segurança, diversão, dignidade, saúde, prazer e alimentação: tudo isso se traduz no financeiro. Tudo se troca por dinheiro e o dinheiro está dentro de tudo. Menos o tempo. Pense comigo: com o meu tempo eu consigo fazer dinheiro, mas com dinheiro não consigo comprar mais tempo.

Para mim, a liberdade financeira, na verdade, está muito mais ligada a ter abundância de tempo do que de dinheiro.

O ser humano criou novas e invisíveis prisões e não consegue nem ser livre dos bens que ele mesmo adquire. Quem ganha muito não necessariamente é livre. Esse "muito" pode, várias vezes, ficar "pesado", representar mais responsabilidades, um fardo, uma prisão.

Temos liberdade de algo e liberdade para algo. Me liberto "DO" meu empregador, do governo, de preconceitos, da ignorância

"*PARA*" *ter liberdade de ser e de fazer o que quiser.* O que estou querendo dizer é que você faz parte de um sistema que aprisiona, mas não precisa ser refém dele para ser feliz.

Em certo momento da minha carreira, meus resultados em vendas eram tão expressivos que cheguei a ganhar uma bonificação pública na forma de um Porsche Panamera. Foi uma forma de premiarem o meu trabalho por ter atingido determinada meta. Um carro avaliado em 450 mil reais.

Assim que ganhei o tão sonhado e merecido prêmio, fui dar uma volta e percebi que não podia parar no semáforo. Todo mundo olhava e, por mais que isso fosse legal num primeiro momento, começou a me deixar desconfortável.

Eu fazia eventos em todas as regiões de São Paulo. Só que, quando se batia aquela meta e ganhava o tal prêmio, esperava-se que você chegasse aos eventos dirigindo o carro – como que para mostrar aquela conquista. Era a medalha.

Eu deixava o Porsche na garagem e ia de Uber aos eventos. E, quando eu chegava lá, a expectativa das pessoas de ver o carro se tornava uma decepção. Lá estava eu, descendo de um carro popular. Mas eu entrava no evento, subia no palco e mostrava que – com Porsche ou sem Porsche – eu gerava o mesmo resultado. Não precisava do carro para ser admirado pelo que eu era.

Foi aí que percebi que o Porsche foi um prêmio que roubou a minha liberdade. Tive uma arma apontada para o rosto alguns anos antes, quando roubaram meu carro, então com o Porsche eu saía de casa e ficava paranoico. Não conseguia relaxar, tinha que andar muito devagar, pois o carro sempre raspava nos buracos de São Paulo, e sabia que me custava quase 10 mil reais para ficar parado na garagem, levando em consideração os custos mensais de IPVA, depreciação e seguro. Para mim, que já tinha tido salários baixos e trabalhado muito, era um desperdício de dinheiro. Eu sabia que 10 mil reais tinha sido o meu salário de três meses em outro momento. E me doía na alma saber que eu estava rasgando aquele dinheiro. Preferiria doar a ter que deixá-lo ser desperdiçado daquela maneira.

Comecei a pegar aversão àquele carro, e aí percebi que existia um limite: eu, Lucas, não combinava com esse tipo de veículo. Não me dava prazer. Existem pessoas que são loucas por carros, ainda mais esportivos, mas não é o meu caso. Além do mais, eu sabia que estava jogando dinheiro fora.

Decidi vender o Porsche e, assim que me desfiz dele, ouvi represálias: O que as pessoas vão achar de você? Vai perder a sua credibilidade. *Só que eu sabia que a minha imagem não poderia estar vinculada ao que eu tinha, ou ao carro em que eu andava.*

Eu precisava ser livre para ser quem eu era.

Liberdade, para mim, está muito mais ligado ao dia a dia. Ao conforto, a desfrutar, a viver com leveza, ao *lifestyle*. Acordar de manhã e poder escolher o que fazer, com quem estar, onde estar. Isso vale mais do que uma bela casa, do que um Porsche. Para mim, isso vale mais do que qualquer carro importado na garagem.

Prefiro não ter um carro importado e viver um estilo de vida que me faça feliz do que ter um desses e ser refém de padrão que não é verdadeiro. Já dizia a frase que amo: o que se leva desta vida é a vida que se leva.

Sempre digo que caixão não tem gaveta, e, se a gente não leva nada daqui, por que se escravizar por tão pouco? As coisas que marcam a alma são aquelas que fazem o coração bater forte. Liberdade financeira é ter todo o tempo que você quiser para fazer essas coisas em vez de ficar sempre atrás de dinheiro. É poder fazer o que quiser com ele. Sem seguir nenhum padrão. Ter dinheiro para poder usar da maneira como fizer mais sentido para você.

Liberdade capital
Torne-se financeiramente livre e tenha tempo para fazer o que quiser, quando quiser e com quem quiser

—

O que eu quero de verdade?

Sou formado em Administração com ênfase em Economia, sócio de alguns negócios diferentes, fiz meu primeiro milhão aos 25 anos e conquistei a independência financeira antes dos 30. Já fiz festa em Saint-Tropez, viajei o mundo todo, tenho casa de praia e de campo, frequento os melhores lugares, e você até pode achar estranho o que vou dizer agora, mas prepare os ouvidos e os olhos para ler com atenção: daqui a alguns anos, cem, duzentos, quando os estudiosos olharem para trás e estudarem a nossa sociedade, os historiadores vão se perguntar, com a pulga atrás da orelha: "Mas que raios era esse tal de capitalismo?".

Eu vivi tudo isso e posso criticar.

Estou dizendo isso porque o ser humano literalmente se perdeu nesse lance de dinheiro. Uns poucos possuem bilhões, estão montados na grana sem nem ter o que fazer com tanto dinheiro, enquanto milhões de pessoas passam fome. Faz sentido para você? Para mim, não. Hoje a "tara" pelo dinheiro é tamanha que não faz mais sentido acumular e ver o seu colaborador morando mal, por exemplo.

Por que querer ter bilhões? O que as cifras, o valor na sua conta bancária podem trazer de tão importante para a nossa felicidade?

"Quero ser rico", as pessoas dizem. E eu rebato com a seguinte pergunta: "Você quer ser rico para fazer o que exatamente?". Em geral a resposta é "Para ter uma casa assim ou assado ou o carro X". E então eu provoco: "Para que você quer essa mansão? O que a mansão vai lhe trazer?".

E poucos sabem responder com exatidão, porque isso faz parte do sonho que nós compramos, mas que não é nosso. O sonho da vida cheia de coisas que você quer "ter". Aquele sonho que não é seu, mas que você acha bonito porque venderam que aquele é o ideal de felicidade. E, enquanto está aprisionado nessa ideia que reduz sua liberdade a correr atrás de grana para ter mais e mais coisas que podem "te fazer feliz", a vida segue seu rumo.

Se olharmos bem, a maior parte das pessoas nem precisa ser rica. Elas querem algo para satisfazer um desejo que muitas vezes nem sabem qual é. Para impressionar a família, para dizer que estão bem de vida ou simplesmente para se sentirem prósperas. Como se a prosperidade estivesse relacionada à marca do carro ou ao tamanho da garagem.

No fundo, pouca gente sabe o estilo de vida que quer levar e o que, de fato, faz a alma ficar plena. E não existe liberdade se estamos amarrados ao fiozinho que nos leva a crer que só seremos felizes quando "comprarmos" determinadas coisas.

A liberdade capital está longe de ser "poder comprar o que quiser". Está mais para comprar o que se quer, quando se quer, porque é necessário e fará sentido naquele momento.

Se estamos falando sobre a busca pela liberdade, quero que você preste bem atenção a uma coisa: pergunte a si mesmo como você usa o seu dinheiro e para que deseja ter dinheiro. Tem gente que quer dinheiro para pagar contas. Vive uma vida presa, numa corrida de ratos, onde se trabalha o dia todo para pagar as contas e sobreviver. Dentro desse sistema, onde trabalha sempre para alguém, vendendo seu tempo e mão de obra, ainda sonha com o dia em que vai ser rico.

"Rico para quê?", pergunto mais uma vez. Você pode até pensar: "É fácil para ele dizer isso, afinal, ele tem grana". Você já deve ter lido minha jornada até aqui. Sabe que sou filho de pais separados, que minha mãe deu duro em dois empregos para sustentar a mim e ao meu irmão, que meus avós fugiram dos seus países no pós-guerra. E que eu já caí no mundo, dormi em metrô, fiz coisas legais, mas também fiz muita cagada, o que me levou a entender o que quero e o que não quero da vida.

Depois que a minha mãe morreu – e que vi como ela adiava os sonhos dela e a própria felicidade para construir o mínimo para mim e meu irmão –, entendi o que havia tido de mais valioso na vida. E não dava para comprar isso. Os momentos ao lado dela, os passeios que fizemos para lugares inusitados, as cachoeiras onde havia mais mosquitos do que pessoas. Mesmo assim, a gente se divertia tanto que nenhum dinheiro no mundo seria capaz de comprar aquele momento ou trazer alguma sensação que tivemos naqueles instantes de volta.

Minha esposa está grávida enquanto escrevo este livro. E este momento é o que há de mais valioso em nossas vidas. A experiência que estamos vivendo juntos nenhum dinheiro pode comprar. O dinheiro pode até comprar um quartinho bonito para a nossa filha, mas nunca vai trazer o cheiro dela para a nossa cama. O dinheiro pode comprar a banheira mais linda que o mercado pode oferecer, mas não vai trazer a textura da pele dela na minha mão enquanto dou o primeiro banho. O dinheiro vai até poder me fazer acreditar que a fralda mais cara é a melhor, mas não vai me trazer a lembrança do dia em que troquei a primeira fralda, nem da noite em que ela teve cólica.

Experiências que o dinheiro não pode comprar são as coisas mais valiosas que temos. Isso é indiscutível, e você já deve ter percebido o quanto bato nessa tecla.

Ok, já fui alienado o bastante para achar que dinheiro era algo que me permitia ter prazeres incríveis. Confesso que, no dia em que comecei a ganhar mais dinheiro, entrei na fantasia de que era rico. Ganhar mais dinheiro do que se precisa é sedutor, e caímos na armadilha da compra dos prazeres. Ainda mais quando se é jovem. Eu saía para a balada, comprava champanhe com foguinho e pagava a conta de todo mundo.

No dia seguinte, acordava com aquele vazio.

O que tinha acontecido de fato? O dinheiro não tinha comprado felicidade? No dia em que "quebrei" e perdi todo o dinheiro que tinha, vi o outro lado da moeda. Sem ter como pagar o aluguel, tomei um choque. Pensava: "Que vida é esta? Ontem estava estourando champanhe e hoje não tenho dinheiro nem pro aluguel?".

Passar por essa montanha-russa emocional me fez perceber que o dinheiro não traz felicidade, mas que a falta dele traz uma tristeza do cão. Foi aí que decidi olhar para essa questão. Qual era a minha relação com o dinheiro? Qual era minha ambição de verdade? Ter dinheiro para fazer o quê?

Eu precisava sobreviver, pagar contas. Isso todo mundo precisa. Infelizmente, vivemos numa sociedade onde tudo se adquire com papel. Essa moeda, essa representação. Não planto trigo para trocar por batata. Preciso de dinheiro para botar comida na mesa. Esse princípio eu entendo.

Comecei a fazer um planejamento porque precisava reconstruir a minha vida. Entendi que precisava de determinada renda por mês. Ainda me lembrava da minha mãe saindo para trabalhar e eu deduzindo que, se ela não fosse, não teríamos o que comer.

Entendi que a palavra de ordem era dignidade. Precisava ter o dinheiro que me desse dignidade e fazer um planejamento disciplinado até ter a renda de que eu precisava.

Costumo dizer que a pergunta certa a fazer no momento do planejamento é: *que vida você quer levar? Colocar seu filho em qual escola? Em qual bairro quer morar?* E as respostas precisam ser coerentes com o estilo de vida que você realmente deseja ter. E ainda assim entender que precisa ter metas claras do futuro que deseja. Do estilo de vida que você quer, e não que vai fazer os outros te invejarem.

Ao dominar os pilares deste livro e depois de determinar o que você quer, é necessário entender um conceito: a independência financeira acontece quando tempo e dinheiro descasam. E o que isso significa? Que você pode estar investindo seu tempo e sua energia em outra coisa que não seja a sua fonte de renda.

Talvez você já tenha ouvido falar numa coisa chamada "renda residual". É o que eu chamo de ápice da liberdade financeira, quando seu tempo está totalmente descasado da sua fonte de renda. Ou seja: vamos supor que você tenha cinco imóveis e receba todos os meses o valor do aluguel daqueles imóveis. Você não precisa sair de casa para receber aquele dinheiro, certo?

Pois bem: mas, para ter os tais imóveis, você precisou trabalhar para adquiri-los. Venhamos e convenhamos: nessa roda em que vendemos tempo para ganhar dinheiro, quando é que sobra tempo para fazer dinheiro?

A conta não fecha, né?

Quando entendi a vida que queria levar, de tempo e dinheiro desvinculados, já que eu não queria ficar o tempo todo trabalhando esperando as férias para ser feliz, soube de uma coisa: por um tempo determinado eu trabalharia numa meta e guardaria tanto dinheiro quanto fosse capaz. Para isso, não podia "colocar todos os ovos numa cesta", como dizem os antigos. Precisava me concentrar na renda residual, ou seja, na que não dependia de eu estar produzindo.

Mas, Lucas, como fazer isso?

A resposta é que, quando queremos construir nossa liberdade financeira, temos que fazer um investimento – seja de dinheiro, seja de tempo ou dos dois simultaneamente.

Quando comecei – e naquele momento o único investimento possível era o tempo –, trabalhava para pagar as minhas contas e o pouco tempo livre que tinha eu investia para construir a minha liberdade. Foi assim que me associei a uma empresa de vendas diretas e comecei a revender produtos à noite enquanto trabalhava como gerente financeiro em uma multinacional durante o dia. Eu tinha minha renda fixa – que dependia do meu trabalho e do meu tempo de vida que era dedicado à empresa – e a construção da renda residual, que rolava em paralelo. Mas para construir a renda residual eu precisava investir tempo, e o único tempo livre que eu tinha para investir era à noite, quando saía do escritório.

Aquilo foi dando certo, fui aprendendo, montei uma equipe de vendas e fui crescendo.

"Se o que estou fazendo duas horas por dia é maior que meu salário, então imagine se eu me dedicar dez horas por dia", foi o que pensei. E foi assim que, depois de um ano e meio, pedi demissão do emprego para investir mais tempo no plano B. A verdade é que eu não me tornei mais produtivo, apenas esparramei as horas. E esse é o primeiro erro que eu quero que você evite: não largue o seu emprego se não tem a renda residual que pode lhe oferecer o padrão de vida que você quer ter. Pode ser um tiro no pé, e você vai continuar se matando de trabalhar para ganhar dinheiro para se sustentar.

Mesmo ganhando acima de seis dígitos por mês, como ainda não tinha guardado o montante de dinheiro que queria, não comprava nem um par de meias para não furar o meu planejamento.

Nesse ponto, precisei fortalecer a minha visão, minha disciplina, estar bem certo de qual era a minha meta e não deixar a autoconfiança ser abalada. Afinal, quando a galera ia até a minha casa para fazermos reunião, alguns diziam "Cara, se quiser que a próxima reunião seja na minha casa, tudo bem", porque meu apartamento na época – além de simples e minúsculo – estava longe de mostrar o padrão de vida de um cara que dizia ganhar o que eu ganhava com a venda direta.

Eu ouvia as pessoas dizendo isso, ganhando menos do que eu e comprando carros importados e roupas de marca, enquanto eu andava de carro popular e morava num apê pequeno, mas não me importava com nada disso. Eu sabia qual era a minha meta e queria guardar o dinheiro que me proporcionaria uma renda residual por meio do investimento. Não estava nem aí para mostrar para os outros o quanto eu ganhava pelo carro com que andava ou pela casa em que morava. Tinha minha meta bem definida e só ia descansar ou comprar algo quando a tivesse alcançado.

Eu trabalhava exaustivamente para chegar aonde queria. Não gastava um real a mais e tinha uma planilha sagrada onde registrava todos os gastos e cada centavo que investia. Eu vendia produtos dia e noite, treinava as equipes, via a oportunidade nascer num sonho e, alguns anos depois, começou a nascer a realização.

Hoje, olhando para trás, vejo que faria tudo igual. Teria feito e feito de joelhos.

Se o sistema no qual vivemos é assim, temos que entender o que precisamos fazer paralelamente para adquirir a liberdade – primeiro parcial, depois total.

Se tem uma coisa que bate forte no meu coração, e por isso amo minha carreira como coach internacional, é ver as pessoas chegarem lá. Lá onde estão as suas metas bem definidas. Ver essas pessoas darem um salto permanente no estilo de vida quando guardaram o que tinham que guardar e conquistaram sua renda residual.

Isso quando não ocorre nenhum imprevisto do ego no meio do caminho.

Conheço um casal que veio da Paraíba tentar a vida em São Paulo. Ele vendia fitoterápicos no semáforo e me acessou através das redes sociais, para buscar um plano B para uma renda extra. Entrou para o meu time de vendas depois de adquirir um kit de produtos, que vendeu numa semana, comprou outro e começou a dar certo nas vendas.

Ele morava com a esposa e os três filhos numa favela de São Paulo. Começou a ganhar mais de 10 mil reais por mês e se estabilizou nessa renda durante dois anos. Só que aí, um dia, apareceu numa reunião dirigindo uma BMW.

– O que é isso? – arregalei os olhos ao perguntar.

Ele dizia que tinha comprado parcelado, que era um investimento, e me dava todos os motivos do mundo para acreditar nisso. Até que emendou que "como as pessoas iam saber que ele estava dando certo com aquilo se continuava com uma moto velha".

Tinha comprado a BMW para mostrar para os outros que havia melhorado de vida, mas continuava morando na favela.

– Cara, na boa... você precisa dar uma escola melhor para os seus filhos, um plano de saúde. Pensa nessas coisas e depois vem me falar de carro... – encerrei o assunto.

E, de fato, ele acabou concordando que não precisava da BMW. Que tinha comprado o automóvel para atender a uma demanda social e ser bem-visto.

Quando falo que somos escravos dessas compras que nos aprisionam, o que quero dizer é que ninguém é totalmente livre quando se torna refém de comprar algo para parecer maior do que é. Quando gasta seu dinheiro comprando um sonho personalizado, seja um carro da marca X que faz você parecer mais rico, ou a casa que faz você acreditar que é poderoso.

Essa é a primeira lição que você deve aprender se quiser sua independência financeira: desvincule tempo e dinheiro e crie uma renda residual para caminhar em direção às suas metas de verdade, sejam elas quais forem. Pare, de uma vez por todas, de comprar coisas que não lhe trarão nada além de dívidas. Seja livre para adquirir o que você quer e não o que dizem que é bom para você. (Exceto se esse alguém for a sua esposa. Geralmente elas têm razão!)

Recapitulando...

Os primeiros passos para a liberdade capital

» Planeje sua vida

Se quisermos liberdade financeira, precisamos saber qual estilo de vida queremos levar, onde morar e onde frequentar. Precisamos manter sempre em mente o estilo de vida que queremos ter e não o estilo de vida que queremos mostrar para os outros que temos.

» Comece a desassociar tempo e dinheiro

Se quisermos ser livres, precisamos separar o tempo do dinheiro. Nosso dinheiro precisa ser gerado mesmo que estejamos investindo nosso tempo em outra coisa. Isso é independência financeira. Muita gente troca tempo por dinheiro pelo resto da vida.

Nós podemos mudar isso construindo uma renda residual ou uma renda passiva, rompendo essa relação que o dinheiro tem com o nosso tempo. Mais do que o montante total, o importante aqui é como o dinheiro é gerado.

» Não deixe o prazer momentâneo roubar o seu sonho

Nossos planos de curto e longo prazos precisam de atenções diferentes. Tudo o que foge da esfera de metas planejadas é um prazer momentâneo. Além de durar menos do que queríamos, essas fugas estragam todos os nossos planejamentos e sonhos. Antes de tomar a decisão de realizar um prazer momentâneo, devemos nos perguntar quatro coisas:

1. *Eu realmente quero? (Faz parte dos meus objetivos?)*
2. *Eu preciso realizar isso hoje?*
3. *Eu posso comprar isso? (Cabe no meu bolso?)*
4. *Eu viveria sem?*

Podemos esperar uma semana para decidir. Se a cada dia que passar o desejo enfraquecer ou até mesmo desaparecer, é porque era um prazer momentâneo, não necessário.

A essência da liberdade capital

Claro que dinheiro é importante, afinal vivemos no capitalismo e isso significa que tudo se troca por dinheiro (segurança, moradia, saúde, energia, alimento, educação, transporte etc.). Mas entenda que o dinheiro é apenas um meio.

Liberdade financeira é justamente isso. Não tem a ver com a quantidade de dinheiro que você tem, afinal você não quer ter uma piscina de dinheiro e nadar nela, certo? Você quer ter dinheiro para fazer alguma coisa. Então, na verdade, você quer ter tempo. Ter liberdade financeira é poder decidir o que fazer com as 24 horas que você ganha a cada dia.

Dica prática
para ter liberdade capital

A liberdade financeira só começa a ser construída de uma maneira: investindo.

Para isso, a minha dica prática é que você aprenda a fazer isso verdadeiramente. No início, quando não temos o hábito, é difícil, mas provavelmente é o que fará a maior diferença para você alcançar a sua liberdade financeira.

Priorize seus investimentos!
Em vez de esperar para ver quanto sobrará no mês e só então investir, comece investindo. Comece dizendo a si mesmo: "minha liberdade é mais importante que qualquer conta e qualquer compra que eu precise fazer".

Por isso, quando você receber sua renda mensal, imediatamente separe 10% desse valor e invista. Você primeiro vai investir para depois pagar suas contas. É isso mesmo: crie essa disciplina de sempre poupar para poder investir em algo que vai lhe gerar uma renda residual. Isso é priorizar a construção da sua liberdade em vez de priorizar gastos com prazeres momentâneos.

Educação financeira
O que os bilionários têm em comum

—

O mais rico não é o que ganha mais dinheiro.

Hoje trabalho com uma equipe diversificada, e o que mais vejo são pessoas colocando o carro na frente dos bois. O que quero dizer com isso? Que elas começam a casa pelo telhado. Começam a ganhar dinheiro, mas não sabem gerar, nem guardar.

São pessoas que sonham em ficar ricas, mas passam a vida correndo atrás do próprio rabo porque não percebem que o que as fará sair da condição em que estão é enxergar com clareza o quanto gastam, o que consomem e a forma como vivem suas vidas – se está de acordo com o que ganham.

Uma vida nababesca com ganhos pífios vai gerar dívidas, assim como uma vida com gastos impensados e ganhos altíssimos.

Quer saber por que os ricos e os bilionários têm tanta grana? Porque eles aprenderam o princípio básico: respeitar o dinheiro. Eles, desde sempre, sabem quanto custa ganhar e por isso são conservadores nos gastos. Colocam o olho lá no futuro e não ficam apenas vivendo o dia de hoje. Eles têm metas ousadas e trabalham por elas. E quando falo de segurança financeira o que eu quero dizer é que é preciso garantir a manutenção da sua qualidade de vida hoje e no futuro.

Uma conta que todos deveriam fazer para começar a pensar em independência financeira é determinar qual o custo mínimo e a qualidade de vida mínima ideais que você quer ter no futuro. Somente assim você conseguirá ter clareza sobre o tamanho do patrimônio que precisa construir para ele gerar renda suficiente para pagar esse custo de vida.

Por exemplo: se meu custo ideal é de 3 mil reais mensais (o equivalente a 36 mil reais anuais) para garantir qualidade de vida a mim de acordo com os meus padrões, então eu deveria ter um patrimônio que me gere esse rendimento. Tomando como referência uma taxa de juros média de 5% ao ano, o montante que eu deveria ter para obter esse rendimento é de 720 mil investidos (porque 36 mil é exatamente 5% de 720 mil).

Pronto! Agora que você sabe qual é o seu objetivo, basta definir o prazo para isso. Se hoje você tem 30 anos e quer atingir esse objetivo até os 60, você tem 30 anos para executar esse plano.

Fazendo uma simulação em uma aplicação financeira, o valor médio necessário a ser investido mensalmente para atingir a meta é de aproximadamente 900 reais por mês. É claro que no início talvez seja difícil, mas você pode começar com um valor menor e ir aumentando gradativamente a fim de compensar a diferença.

Dito isso, o primeiro passo para criar a sua segurança financeira é desenvolver o hábito de investir uma parcela da sua renda, independentemente do quanto você ganha. Por exemplo, se você ganha 1.200 reais por mês, deveria guardar 10% da sua renda, ou seja, 120 reais.

Muita gente foi pega de calça curta em 2020 devido à pandemia do coronavírus. Essas pessoas não tinham sequer uma reserva de emergência. Organização de finanças, então, era um tema que estava longe da pauta do dia a dia.

Só para você ter uma ideia do que estou falando, segundo o SPC, em 2018, 64 milhões de brasileiros tinham contas atrasadas. Essas pessoas certamente não sabiam quanto gastavam, quanto ganhavam e provavelmente não tinham qualquer controle sobre seus gastos.

Quanta gente você conhece que deixa para pagar a conta no dia do vencimento? Ou pior: que espera para ver se terá dinheiro para pagar quando sabe que a conta vai vencer!

Muita gente diz: "Mas eu ganho pouco". No entanto, é só passar a ganhar mais que essas pessoas triplicam os gastos e começam a esbanjar. A arte é continuar com o mesmo padrão de vida enquanto se acumula dinheiro. Aquele X a mais no fim do mês vai se tornar um montante daqui a alguns anos.

Eu mesmo comecei a poupar e decidi que ficaria um ano e meio num "inverno rigoroso", gastando apenas com o básico. Controlei e computei cada despesa. Foi difícil na época, mas eu faria tudo novamente, porque cada centavo que poupei naquele período me fez chegar aonde estou hoje.

Comecei a aprender a investir, a entender de mercado de ações e a jogar outro jogo.

A questão é que não adianta querer investir se você não sabe nem quanto gasta. Segurança financeira é uma coisa, independência financeira é outra, e a organização financeira é primordial para ter ambas.

Primeiro, entenda qual é o seu padrão de consumo:

» Você esbanja?
» Janta fora ou pede comida quantas vezes por semana?
» Economiza luz? Tem o melhor plano de internet e TV?
» Sabe quanto gasta no cartão de crédito?
» Com qual tipo de coisa você gasta mais dinheiro ao longo do mês?

A pergunta-chave é: *para onde vai o seu dinheiro?* Só podemos ter um mínimo de planejamento se detivermos o controle sobre tudo isso.

Na tabela a seguir, montei um exemplo de controle de receitas e despesas. Você pode usar como referência para fazer o seu próprio planejamento financeiro a fim de conhecer todos os seus gastos e ter clareza sobre o quanto sobra para investir (segurança financeira).

MEU CONTROLE FINANCEIRO			EXEMPLO
TOTAL DE RECEITAS			**3.125,00**
Salários			2.500,00
Rendimentos de banco			25,00
Vale-refeição/alimentação			300,00
Outros			300,00
DESPESAS			**3.047,00**
Moradia	885,00	Seguro	166,67
Aluguel	700,00	Revisão	83,33
Água	50,00	Multas	–
Condomínio	–	Prestação do carro	499,00
IPTU	40,00	Depreciação do carro	250,00
Luz	50,00	Uber	–
Gás	45,00	**ESSENCIAIS**	**720,00**
Reformas e manutenção da casa	–	Supermercado/feira	600,00
Diarista	–	Academia	50,00
ASSINATURAS	**139,00**	Farmácia	20,00
Internet	99,00	Colégio/faculdade	–
Celular	20,00	Cursos/livros/educação	50,00
TV a cabo	–	Plano de saúde/dentista	–
Spotify	–	**DESPESAS EXTRAORDINÁRIAS**	**–**
Netflix	20,00	Viagens	
ANIMAIS/PET	**80,00**	Presentes	–
Ração	50,00	Bar/restaurante/iFood	–
Banho	30,00	Roupas e calçados	–
Vacinas	–	Outras despesas	–
CARRO	**1.223,00**	**QUANTO SOBROU? (INVESTIR)**	**78,00**
Combustível	189,00	**% A SER INVESTIDO**	**2,5%**
Lavagem do carro	35,00		

Nesse exemplo, veja que a pessoa está vivendo muito próximo de seu limite. Qualquer eventualidade que fuja do seu controle a forçará a contrair alguma dívida ou passar necessidade. Cada um tem a sua realidade, e o importante é ter clareza das suas finanças para que você mesmo possa julgar o que deve ou não fazer diferente para que sobre mais dinheiro.

Devemos ser conscientes de nossos gastos e ganhos para não sermos vítimas da desorganização financeira e percebermos só no fim do mês que fizemos transações e compras de maneira desenfreada e impulsiva. Ou até pior: compulsiva! Assim como existem pessoas que têm compulsão por comida, existem pessoas compulsivas por compras inúteis.

A primeira coisa que você deve fazer é olhar para os seus gastos sem medo. Eu sei que apavora perceber que perdemos o controle, mas deixe o passado para trás e concentre-se no futuro. A partir de hoje, comprometa-se a guardar dinheiro para você. Mesmo que ganhe pouco, entenda para onde o seu salário ou renda está indo e planeje-se.

Para guardar, temos duas alternativas: ou cortamos as despesas ou aumentamos a receita. Se você optar por aumentar a receita, no próximo capítulo vou dar algumas dicas para fazer isso. Se for cortar as despesas, vou ensiná-lo agora a priorizar.

Vamos supor que a sua meta seja trocar de carro. Cada gasto extra deve ser colocado na balança: isso vai me deixar mais distante de trocar de carro. Devo fazer ou não?

Muita gente faz escolhas nessas horas e opta pelo prazer imediato. "Que mal há em gastar 100 reais nesta roupa agora? Não vai comprometer meu orçamento".

Só que já falamos sobre a fábula da cigarra e da formiga. E ela fala exatamente sobre isso: a cigarra quis ficar cantando enquanto a formiga trabalhava, e quem ficou segura no inverno foi a formiga. A cigarra dançou.

Então, priorize a sua meta a todo momento. Defenda essa meta com unhas e dentes e não desperdice dinheiro.

A segurança financeira garante a manutenção da sua qualidade de vida hoje e no futuro. Garante as despesas básicas, aposentadoria e emergências.

E você só se torna independente financeiramente quando tem uma renda passiva que paga todas as suas contas e vai crescendo à medida que suas despesas crescerem. Você pode escolher com o que vai trabalhar e até mesmo se vai trabalhar.

Mas tudo acontece dentro do seu padrão de consumo. Se quiser aumentar esse padrão, precisa aumentar as fontes de renda. Você pode ser independente financeiramente, mas não livre financeiramente.

Liberdade financeira é o terceiro degrau: é não se preocupar mais se vai comer bolacha de água e sal ou caviar.

É bom ter isso? Sem dúvida! Mas necessário saber que a cada ano a inflação está comendo seu poder de compra e você vai empobrecer caso não tome as rédeas de suas finanças pessoais.

Portanto, a hora de começar é agora. Anote em um caderno ou planilha todos os seus gastos. Luz, água, gás, mercado, escola, aluguel, despesas com lazer e tudo o que você sabe que está presente todos os meses. Diante dessa lista, perceba se vai precisar cortar gastos para guardar um pouquinho todo mês ou se vai partir para a segunda opção, que é criar uma nova fonte de renda.

Que tal começar agora?

Recapitulando...

Os primeiros passos para se educar financeiramente

» Conheça e controle seus gastos

Faça uma lista de tudo o que você gasta e registre isso para entender o que está impedindo você de ver o dinheiro no fim do mês.

» Tenha metas

Saiba aonde você quer chegar. Se quer mudar de casa, trocar de carro, mudar os filhos de escola. Trace uma meta financeira e seja comprometido com ela.

» Priorize

Depois da meta estabelecida, saiba priorizar os gastos. Sempre que vier a tentação de gastar por impulso, olhe para aquela meta escrita e segure a vontade de gastar seu dinheiro. A meta deve ser maior do que o prazer imediato.

A essência da educação financeira

Os bilionários e os milionários têm algo em comum: eles sabem que para ter é preciso poupar, e gastam de maneira conservadora. Têm total controle sobre o que sai e o que entra e, principalmente, têm metas grandes. Pensam grande e focam o resultado.

Você pode começar hoje – entendendo quanto gasta, quanto sobra e, a partir daí, fazendo sua reserva para investimento e construção de patrimônio.

Dica prática
de educação financeira

Respeite o dinheiro. Ensine seus filhos a respeitarem o dinheiro. Não desperdice. Você sabe o quanto é duro ganhar, então por que na hora de gastar você não pensa duas vezes?

Vou dividir esta dica prática em duas partes e tenho certeza de que, se você aplicá-la, viverá uma revolução em seu potencial de investimento e em sua vida financeira.

» Faça uma lista no seu celular e registre cada vez que passar o cartão ou comprar algo. Seja para comprar uma água ou um computador. Você vai se surpreender no fim da semana quando vir quantas vezes comprou por impulso ou gastou com coisas de que não precisava (Inventário de gastos).

» Regra de Ouro das 72 horas: é mais difícil de executar, mas diminuirá bastante o tamanho da lista mencionada no tópico anterior. Antes de comprar qualquer coisa, aguarde 72 horas para pensar direito sobre a compra. Transforme isso em um código seu. Não compre nada sem passar por esse processo.

Aplicando essas duas dicas práticas, eu aprendi a gastar direito com coisas que realmente agregam valor à minha vida e consegui ter mais dinheiro para investir e construir a liberdade que vivo hoje.

(Alerta de spoiler: se você só tem um trabalho convencional e horário fixo, o próximo capítulo poderá deixá-lo incomodado, mas é justamente esse incômodo que você precisa sentir.)

Independência e autonomia
Ganhe dinheiro quando não estiver no trabalho

—

Cave seu poço enquanto ainda não tem sede.

Entrei no Uber, saindo do aeroporto de Guarulhos, e comecei a conversar com o motorista. O cara morava em Guarulhos, trabalhava em Interlagos e todos os dias, às sete da manhã, quando ia para o seu emprego, e às seis da tarde, quando voltava, trabalhava como motorista de Uber para transportar pessoas durante aquele trajeto.

Para quem não sabe, o trajeto de Guarulhos até a Zona Sul de São Paulo custa aproximadamente 100 reais. E, em vez de gastar com gasolina para ir e voltar do trabalho, ele fazia 200 reais por dia na ida e na volta, durante o tempo que já estaria dirigindo para o trabalho. Ele fazia dinheiro na hora em que estava no trânsito.

Aproveitei para vender meu peixe e apresentar meus produtos a ele, que se empolgou: poderia oferecer mais dentro daquele espaço de tempo. Poderia oferecer uma experiência completa ao cliente, produtos de beleza, perfumes, xampus. E foi assim que ele fez aquele tempo de locomoção ao trabalho ser ainda mais rentável. Sua renda extra estava rolando enquanto ele seguia para o trabalho.

O que eu quero dizer aqui é que todo mundo pode ter um plano B. E a melhor coisa da vida é poder cavar um poço quando ainda não se está com sede. Quem dizia isso era a minha avó Maria Letízia. Ela não tinha muita instrução, mas tinha muita sabedoria. "Imagine cavar um poço quando ainda não tem sede. Quando você estiver com sede, já estará com água suficiente para beber. Mas imagine cavar um poço quando você está com sede. É muito mais difícil".

Pronto. Recado dado. Eu não precisaria escrever o restante deste capítulo, mas vou fazer isso: escolha o dia de hoje para começar o seu plano B. Aproveite cada minuto extra para começar a fazer dinheiro e criar uma renda que possa ser residual, que o ajude a desassociar seu tempo do seu dinheiro. *Comece hoje a pensar nisso.*

A história das pessoas é muito parecida quando elas trabalham numa empresa, são bem qualificadas e se sentem bem remuneradas pelo trabalho que oferecem. E, em poucas palavras, sem dourar a pílula: é isso o que mantém o capitalismo vivo. Muita gente trabalhando para enriquecer poucos.

A revolução da qual vamos falar agora é simples. Eu quero que você entenda que só será livre quando tiver a autonomia de tempo de que precisa e usar o seu talento para gerar renda de diversas formas possíveis.

Quando se trabalha numa empresa, seu empregador é seu cliente. Por que eu provoco uma revolução para que as pessoas sejam autônomas?

Porque você é o seu negócio. E você vende seu tempo para uma empresa.

Por que eu digo para as pessoas empreenderem? Porque é o melhor jeito de olhar para o seu tempo da maneira correta. Cada hora conta na sua vida. E, quando você vira dono do seu próprio negócio e da sua renda, cada hora pode ser decisiva.

Só quando você empreende passa a ter total clareza de como o tempo é importante e de como sermos os donos dele pode mudar a nossa vida. Só depois de ser autônomo é que entendi que podemos sempre aplicar nosso tempo de maneira mais rentável e eficiente para nós.

Como autônomo, você aprende a priorizar, enxergar e ponderar o quanto investe de tempo em cada coisa. Aqui é *Lei de Pareto* na veia: você vai perceber que 20% do que faz gera 80% dos resultados e que 80% das ações geram 20% dos resultados. Entender o valor do tempo é a grande sacada.

Muitas vezes, porém, as pessoas confundem isso e, na ânsia por liberdade, resolvem largar o emprego e se tornam reféns do negócio que montaram. O sujeito abre uma padaria e não percebe que precisa estar lá às quatro da manhã para fazer o negócio funcionar. Vira empreendedor e perde o tempo que queria ter livre. Abre uma loja, mas não tem Páscoa, Dia das Mães, e vê que só trocou uma prisão por outra. Liberdade financeira é justamente dominar o seu tempo. Ser mestre em saber usar o tempo da melhor maneira para ter o *máximo* de tudo que o você quer.

Se falamos no capítulo anterior que o foco é ter tempo e dinheiro desassociados, entenda de uma vez por todas que empreender não é apenas ficar livre do compromisso de ter um chefe.

Primeira pergunta: *se dinheiro não fosse problema, o que você faria?*

Dificilmente a resposta seria "eu faria a mesma coisa que já faço".

A pessoa tem um problema e não sabe disso. Aí alguém a alerta de que ela tem um problema – e então esse indivíduo muda de estágio e passa a ser uma pessoa que tem um problema e sabe que tem esse problema. No estágio seguinte ele está acordado: chegou a hora de resolver esse problema.

Muita gente está presa na roda, ainda no estágio de desconhecimento do problema que possui.

Quero que você saia desse estágio para começar a perceber. Pare de se acostumar com algo desconfortável.

É como se sentar num sofá com pregos e não se mexer para não doer mais.

As pessoas estão acostumadas a sentir a dor, mas se elas se mexem um pouco a dor aumenta. Se tentam sair, dói. Então é melhor ficar paradinho sentado no problema (prego) porque dá para aguentar.

Você fica ali paradinho para não sentir dor. É bizarro! Encare isso. Vai doer um pouco, mas vai sair se você se mexer.

No link no fim deste capítulo eu trago várias ideias para ter um plano B de maneira simples. Você pode fazer crochê para vender, criar um curso on-line de algo que sabe fazer bem e ensinar outras pessoas, pode subir um vídeo para o YouTube e monetizar, pode colocar seu apê para alugar no Airbnb, pode testar aplicativos, entregar produtos. O céu é o limite, e eu vou lhe dar um guia com o passo a passo para os mais preguiçosos nem precisarem pensar antes de começar algo novo hoje.

Você precisa ser livre. E, para a sua liberdade existir, trate de começar a criar asas. Sua autonomia vai depender disso, porque ela está totalmente vinculada à sua liberdade.

Fomos criados para pensar que o dinheiro resolve todos os nossos problemas, e o que queremos fazer fica sempre em segundo plano.

Se você fosse morrer daqui a um ano, continuaria no emprego em que está hoje, fazendo o que faz, deixando a roda girar do jeito que está girando? Cara, não temos todo o tempo do mundo e você sabe disso! Precisamos nos conscientizar de que tempo é vida, e esta nossa vida um dia vai acabar.

Comece hoje a criar sua renda paralela para poder ter mais liberdade. Seja para fazer o que for: almoçar com seus filhos, viajar o mundo, estar com seus pais.

A vida que você quer de verdade nem custa tão caro. Repense a sua maneira de encarar a vida, de se relacionar com o seu dinheiro, de trabalhar, e seja livre para começar algo que o faça verdadeiramente feliz – e ainda lhe dê dinheiro.

Confie em mim: essa gaiola em que você está é uma prisão cuja porta só abre por dentro.

E você tem a chave.

Mexa-se!

Recapitulando...

Princípios para conquistar a sua independência e autonomia financeiras

» Comece hoje a cavar seu poço
Não podemos esperar a necessidade aparecer para começar a construir alternativas. Fazer qualquer coisa sob pressão é muito sofrido. Por isso devemos aproveitar os bons momentos para investir (tempo e/ou dinheiro) sempre.

» Saia da corrida de ratos e construa autonomia de tempo
Somente depois que passamos a investir nosso tempo em algo nosso é que entendemos o real valor dele e de que forma o empregamos nas coisas. Precisamos encontrar aquilo que nos dê 80% de resultado aplicando 20% do nosso tempo. Nesse sentido, quando decidimos empreender em negócios que geram liberdade, passamos a aproveitar ao máximo o nosso tempo em nossos reais objetivos em vez de simplesmente gastá-lo ou jogá-lo pela janela. Empreender, além de nos trazer liberdade, também nos traz a autonomia que tanto desejamos.

» Entenda a importância da renda residual/passiva
É basicamente o retorno financeiro que o nosso trabalho ou os nossos investimentos geram, mesmo quando não estamos mais em plena função, por exemplo:
1. Escrever uma música ou um livro durante seis meses: ganho de direito autoral para sempre.
2. Desenvolver durante dois anos uma tecnologia: ganho de patente para sempre.
3. Imóveis, dividendos de empresas, rendimentos de juros, marketing de relacionamento, infoprodutos etc.

A essência da independência e da autonomia

Se dinheiro não fosse o problema, como seria a sua vida? Descobrir o estilo de vida que você quer ter é crucial para determinar o tamanho do desafio que você precisa encarar para construir o suficiente para alcançá-lo. É nesse momento que saímos do estágio inconsciente do problema e passamos a saber exatamente aonde queremos chegar.

Crie asas rumo a essa direção, comece hoje a investir tempo e dinheiro na construção daquilo que vai lhe trazer renda residual, proporcionar o estilo de vida que você deseja e principalmente desassociar do dinheiro e tempo, além de dignidade. De que adianta ter uma casa de praia e não ter tempo para usufruir dela? De que adianta ter uma Ferrari que só fica na garagem? De que adianta dar o melhor *videogame* do mundo para o seu filho e nunca poder jogar 15 minutos com ele?

Não se esqueça: essa gaiola de cristal em que você está é uma prisão cuja porta só abre por dentro.

E somente você tem a chave.

Dica prática
para construir independência e autonomia

Existem várias maneiras de ter uma renda alternativa (plano B), umas muitos simples e outras mais complexas. Alguns exemplos:

- Trabalhar como motorista de plataformas (Uber, 99, Rappi, Cabify, iFood).
- Alugar um quarto do seu imóvel (Airbnb, Booking, alugar para algum amigo).
- Testar e vender dados para aplicativos.
- Transformar um hobby em renda (artesanato, marmitas, doces etc.).
- Inventar algo para receber direitos (música, livro, patente, marcas).
- Comprar e revender produtos e serviços (venda direta, marketing de relacionamento, montar um e-commerce, afiliados).
- Investir no mercado financeiro (ações, fundos, títulos públicos etc.).
- Criar um infoproduto (ensinar algo que você domina para outras pessoas).

No QR code ao lado listei várias outras ideias. Tenho certeza de que você vai encontrar a ideal para começar a trabalhar hoje mesmo no seu plano B.

Liberdade social

Você fala o que pensa? Consegue se expressar e dizer a verdade ou tem vergonha de se expor? As suas ações condizem com o que está dentro do seu coração?

Quando você tem clareza de si mesmo, é livre para ser quem quer ser e falar o que deseja comunicar. Isso é liberdade de expressão. Na infância, somos praticamente obrigados a conviver com as mesmas pessoas enquanto estamos na escola. A primeira liberdade começa a partir do momento em que você se liberta de todos os grupinhos dos quais fez parte, mas que, na essência, não faziam parte de você. Você é livre quando começa a entender quem realmente é e que não precisa mudar ou fingir ser outra pessoa para agradar ninguém. Você encontra a tribo perfeita para você desde que não traia as suas convicções e valores.

É natural que, conforme o tempo passa e vamos adquirindo mais experiência, nós nos tornemos mais confiantes, mais seguros, e então vamos perdendo o medo de nos expor. Não temos essa maturidade quando somos novos. Mas é libertador finalmente parar de seguir roteiros preestabelecidos. Expressar-se é mais do que se comunicar. É como você se mostra para o mundo, se relaciona com ele, a maneira como transmite seus sentimentos, valores, opiniões e visão de futuro.

Infelizmente muitas vezes você faz e diz o que os outros querem que você faça e diga. O seu sonho, a sua visão e a sua liberdade são personalizadas depois de você ter absorvido a visão dos outros.

Para mim, *ser livre é escolher*. É se expressar, é dizer o que pensa, sem medo de retaliações ou julgamentos. O mundo merece saber o que você tem aí dentro, conhecer a sua mensagem.

Quanto tempo mais você vai ficar preso tentando ser outra pessoa? Ser livre é ser você.

Coragem para fazer o que se quer
Aprenda a apertar o botão do f*da-se
para a opinião alheia

—

Não se faz um omelete sem quebrar alguns ovos.

– Aconteça o que acontecer, desliguem os aparelhos se um dia eu ficar em coma. Prefiro morrer a ficar em estado vegetativo.

Essas palavras quase agrediam nossos ouvidos. E era difícil entender o porquê de a minha mãe sempre levantar a questão durante nossos almoços de família. Mas ela obrigava meu irmão e eu a olharmos no fundo dos olhos dela e prometer que tomaríamos tal decisão caso um dia algo do tipo acontecesse com ela.

A conversa soava mórbida e improvável, e eu demorava a entender sua linha de raciocínio. E foi só quando a vi deitada na cama de um hospital entre a vida e a morte depois de uma cirurgia para tentar retirar um tumor na cabeça que percebi que tudo o que ela tinha feito fora antecipar uma decisão que queria que fosse tomada.

Ela tinha tanto amor pela nossa vida e pela nossa liberdade que preferia a morte a ficar presa numa cama de hospital ou dependente.

Para minha mãe, o conceito de liberdade ou morte era interpretado literalmente, e eu demorei muito tempo para assimilar isso.

A liberdade, que hoje é a coisa que mais prezo na vida, é algo que sei o quanto me custou. Na verdade, a conquista dela é feita através de um só caminho: escolhas.

Só que não fomos ensinados a escolher desde crianças. Aliás, escolher é a coisa que menos fazemos ao longo da nossa vida. Os outros nos dizem o que é certo e o que é errado, nos dizem o que fazer, e vamos aprendendo a percorrer o caminho socialmente aceito e, teoricamente, o mais seguro.

Quem ousa discutir que determinado caminho não é o melhor para você naquele momento?

Mas, um dia, somos confrontados. Geralmente quando estamos sozinhos e não temos nossos pais por perto. E aí precisamos tomar a nossa primeira decisão. A minha foi quando acabei de chegar na Alemanha. Tinha ido para fazer faculdade e arranjei um emprego na Copa do Mundo para custear os estudos. Tudo programado e saindo conforme o previsto.

Naquele dia eu receberia alguns turistas e os acompanharia até o ônibus para que fossem até o estádio. Estava tudo matematicamente calculado: era justo o dia em que eu prestaria vestibular, e a duração do jogo coincidia com o tempo em que eu ficaria na prova. Ao terminar, eu voltaria para receber os turistas.

Meu destino estava traçado.

No entanto, o que eu quero alertar é que liberdade é o nosso direito intransferível de fazer escolhas. E, quando entendemos que temos diante de nós duas opções, temos a chance de decidir que caminho vamos trilhar. O que eu vou dizer contraria algo que sempre disseram: nem sempre o caminho mais seguro, ou o que todo mundo aprova, é o caminho certo para você. O caminho certo para você é aquele que foi fruto de uma escolha consciente na qual você ponderou perdas e ganhos.

– Lucas, eu tenho um ingresso sobrando. Você quer ir assistir ao jogo?

Aquela pergunta seria um divisor de águas na minha vida. Eu poderia decidir naquele momento seguir com os planos que havia determinado. Era lógico e seguro que eu prestasse o vestibular e ignorasse o convite. Só que eu era jovem, nunca tinha assistido a um jogo do Brasil em uma Copa do Mundo e estava ganhando um ingresso. Ao mesmo tempo que pensava de que modo ia justificar aquela decisão para minha mãe, também sabia que era eu quem estaria arcando com os custos da viagem e que tinha ido viajar sabendo que era responsável por cada passo e cada gasto que teria.

Quando estamos diante de duas opções, geralmente seguimos adiante com aquela que é mais segura, em especial quando temos nosso coração dizendo algo e a razão gritando outra. Já conseguia ouvir meus pais dizendo que eu era um irresponsável, mas também sabia que não estava maduro o suficiente para ingressar na faculdade, que podia "perder" aquele ano e prestar vestibular no ano seguinte, e que as consequências daquela decisão eram algo que pesaria a meu favor ou contra mim.

Você já deve ter sido surpreendido por um momento em que teve que fazer escolhas. São segundos nos quais você entende que é o responsável pelo seu caminho. Só que não é todo mundo que está pronto para decidir.

– Você vai querer o ingresso ou não? – ele me perguntava enquanto eu via o destino correndo por dois caminhos diferentes.

Corta para 2020.

Estou na minha casa, fazendo um treinamento ao vivo para milhares de pessoas. Falo sobre liberdade. Liberdade financeira, liberdade de poder escolher a vida que queremos viver. Liberdade de desenhar a própria vida.

Estou escrevendo meu livro. Meu drive sempre foi a liberdade. Entendo que o valor dela é um valor inegociável e sei que já renunciei até a ótimos negócios por saber que não queria o ônus de me ver preso a determinadas preocupações.

Agora somos três: eu, minha esposa e a nossa filha. Enquanto escrevo este livro, ela ainda está sendo gestada, e enquanto você o lê ela provavelmente já estará nos meus braços. Em 2020, vivemos um tempo de caos – o mundo dentro de casa, durante o isolamento social provocado por um vírus que ganhou *status* de pandemia devido a seu alto grau de contágio.

Sem liberdade para estar onde queremos estar.

Tudo mudou após a pandemia de Covid-19: superbilionários procuraram *bunkers* onde poderiam se refugiar e todos, de todas as classes sociais, se viram privados de suas liberdades. Após esse evento, a dinâmica da vida em sociedade nunca mais será a mesma.

Afinal, de que liberdade estamos falando?

Enquanto houver livre-arbítrio, o ser humano poderá decidir tudo acerca do seu destino. Mas nos sentimos acuados e ficamos reclamando da vida que aconteceu para nós sem perceber que as escolhas existem, mas elas nem sempre estão no cardápio porque não nos parecem sensatas. Não nos acostumamos a pensar, a decidir. Parece sempre insensato seguir um caminho que não está dentro daquilo que é socialmente aceito.

Se naquele 13 de junho de 2006 alguém me dissesse que seria melhor ir ao jogo, que se eu entrasse na universidade naquele ano não conseguiria acompanhar o ritmo dos estudos e provavelmente perderia o ano por não estar familiarizado com a cultura e a língua alemãs, tudo teria sido mais fácil. Se soubesse que o vestibular não seria fácil e que aquela turma era extremamente competitiva, eu teria mais informações para tomar uma decisão.

No entanto, a decisão precisava ser tomada ali, em segundos. E eu seria o responsável pelo meu destino naquele instante. Eu poderia escolher entre começar uma graduação, prestando vestibular, ou dar as costas para o vestibular e viver uma experiência que nunca tinha vivido até então.

No primeiro tempo da partida contra a Croácia, Kaká fez o primeiro gol de sua carreira na seleção. Foi aos 43 minutos, depois de receber uma bola de Cafu. Ainda lembro dele saindo em disparada na intermediária e dominando a bola com o pé esquerdo. Ainda consigo sentir o coração disparar com a sensação de ver a bola na rede. O estádio balançar, a arquibancada tremer e Kaká seguir na nossa direção comemorando.

Enquanto eu pulava, sentindo que fazia parte de um momento inesquecível, já tinha deixado a faculdade para trás. E depois que o jogo terminou e eu percebi que precisaria de mais um ano aguardando o vestibular, entendi uma coisa: eu tivera a liberdade de tomar uma decisão. Boa ou ruim, era a decisão que eu tinha tomado, e ninguém nunca mais decidiria nada por mim.

Muitos de nós têm medo de decidir qualquer coisa na vida porque ficamos diante daquele dilema: e se eu estiver fazendo algo de que vou me arrepender depois? Mas quer saber de uma coisa? Não tem como avançar o vídeo e adivinhar o que vai acontecer a partir do momento em que você decide. E é nesse instante mágico que a liberdade começa, porque, entre erros e acertos, você percebe finalmente que pode ir costurando a sua trajetória a partir de pequenos passos que vão colocá-lo em uma ou outra direção.

Depois de encontrar a liberdade financeira, hoje prezo pela liberdade de preocupações. E tenho um grande amigo e mentor, Mauro, ex-presidente da Microsoft Brasil e empresário muito bem-sucedido, que me dizia o seguinte: "Fly light". Voe leve. Foi na hora em que eu já estava ganhando mais dinheiro do que imaginava e perguntava se deveria investir em carro novo, casa, casa de praia, novos negócios, e ele dizia: "Voe leve. Não se amarre. Não compre nada que pode se tornar um peso depois".

Aquilo me marcou muito. Eu colocava na balança o dinheiro e o estresse. Tínhamos uma loja bastante lucrativa, mas que precisávamos abrir todos os dias, então vendi a loja. Ela tolhia a nossa liberdade porque nos obrigava a ir lá todos os dias, e não havia mais a necessidade financeira de ter aquela preocupação.

Você só conhece a liberdade quando a internaliza e isso se torna o seu drive central. Eu priorizo a minha liberdade hoje acima de dinheiro, de reconhecimento, de *status*. De tudo.

Hoje entendo a minha mãe quando ela pediu – anos antes de saber que estava doente – que desligássemos as máquinas porque não queria viver numa cama. Mas ela nos privou dessa decisão e partiu. Ela não queria ser um "peso" na vida de ninguém. E, por mais que o que todos os filhos desejem é ter mais tempo ao lado de seus pais, entendo que, para ela, não valeria a pena se estivéssemos passando esse tempo ao seu lado debruçados sobre a sua cama.

Você deve estar se perguntando o que tudo isso tem a ver com liberdade, e eu vou lhe dizer: liberdade é decidir o que cabe e o que não cabe na sua vida. Para onde ir, onde ficar, a quais critérios obedecer.

Liberdade é estar no controle da sua vida, mesmo que o mundo lá fora tente te aprisionar.

Hoje temos inúmeras prisões, e cada um acaba escolhendo a sua forma de ser prisioneiro de algo. Podemos ser prisioneiros de opiniões, de empresas, de sistemas, e, conforme nos sentimos "presos" a algo, não conseguimos desfrutar da liberdade.

Mas não estou sugerindo que você jogue tudo para o alto e faça uma revolução. Liberdade é conquista. Se naquele dia, na Alemanha, eu pude aceitar o convite para o jogo, é porque sabia que estava caminhando com as minhas próprias pernas, com o dinheiro que era fruto do meu suor, e não estava jogando pela janela um investimento de meus pais. Portanto, quem pagaria o preço das consequências era eu.

E antes que eu me esqueça: passei na faculdade, me dei tão bem nas notas que ganhei bolsa de estudos, me formei como um dos melhores da turma e ganhei *status* em grandes multinacionais com uma indicação poderosa da universidade.

Assim que me formei e voltei para o Brasil, com experiência nas melhores companhias alemãs do mundo, depois de ter obtido boas notas na universidade – que premiava os melhores alunos com indicações para estágios –, percebi que, para atingir a liberdade que eu queria, era necessário ter certa disciplina. Logo entendi que estabeleceria um tempo definido para as minhas conquistas, mesmo que durante aquele período eu trabalhasse mais horas do que estivesse disposto, vendendo meu tempo para uma empresa que pagava pelo meu salário.

Seria nas horas vagas que eu começaria a construir meu futuro, criando projetos que, paralelos ao meu trabalho, possibilitariam que eu pudesse voar com liberdade.

Hoje vejo muitos jovens querendo jogar tudo para o alto e ter uma vida livre porque confundem liberdade com falta de responsabilidade. Querem viver a vida dos sonhos mas não conseguem entender que vivemos em um sistema no qual precisamos de dinheiro para pagar as nossas contas. Se quiser ser livre, você deve entender isto: é preciso se planejar.

Quando eu estava no trabalho, sabia que era com aquele emprego que ia conquistar minha liberdade. Ter disciplina para fazer algo que escolhemos fazer é diferente de fazer alguma coisa que foi escolhida para nós. Por mais que temporariamente aquilo tire sua liberdade, é o caminho escolhido para chegar aonde você quer.

O maior inimigo da liberdade é o medo. Medo da falta, medo de não ter nada seguro, nada estável.

A liberdade é o caminho do voo livre, o caminho que faz você ir em direção aos seus sonhos. Assim que entende isso, você decide o que quer se tornar.

É aí que a vida se torna uma aventura. Você para de aceitar o que vem e começa a escolher para onde quer ir, as experiências que deseja ter, e passa a decidir sua vida sem aceitar o fatalismo. Você não escolhe ser escravo do destino. Você faz o destino.

Escolher a prisão de uma vida na qual você só pode fazer o que dizem que você precisa fazer é mais confortável, porque todo mundo vai por esse caminho. Ele é seguro, e as pessoas sabem aonde ele vai levar. Só que tomar as rédeas da própria vida e construir um novo destino faz surgir uma vida inesperada. A responsabilidade sobre os resultados passa a ser sua e você já não pode jogá-la no ombro de outra pessoa.

Só que, ao criar a sua vida autêntica, você se torna livre. Você passa a optar pelo que quer e pelo que não quer.

Poucas pessoas optam por esse caminho. É mais fácil aceitar o que é determinado para nossa vida. É mais fácil justificar decisões quando elas são socialmente aceitas. Afinal, como você vai dizer que renunciou a um ano de faculdade para assistir a um jogo de futebol? Vão dizer que você é irresponsável.

Mas aí é que está o xis da questão. Quando se torna livre, você se torna responsável. Pela sua vida, pelo seu sofrimento, pela sua dor, por tudo o que acontece com você. Você anda sem correntes nos pés e sem fazer o que as pessoas dizem que é o certo. Simplesmente opta pelo que lhe parece melhor naquele momento.

Quando é livre, você não é escravo do *status* social, do dinheiro ou da fama e do poder. Você só faz aquilo que é coerente com seus valores e princípios, sem ter que provar nada a ninguém.

Tenho orgulho em dizer que, na minha família, tenho alguns primos que foram adotados. O amor que sempre dedicamos a eles é o mesmo: independentemente de serem de sangue ou não, todos sempre foram família.

Um desses primos nasceu do sexo feminino, mas ao longo da vida decidiu que mudaria de sexo e bancou essa decisão com a família, inclusive fazendo uma cirurgia para mudança de sexo.

A verdade é que temos a todo momento que fazer escolhas, e precisamos ter a coragem de tomar determinadas atitudes. Meu primo teve a coragem de ser quem era, porém, quantas pessoas passam a vida deprimidas por não assumirem a própria sexualidade? Quantas pessoas não vivem casamentos de mentira, infelizes por dentro porque não tiveram coragem suficiente para sustentar a sua própria verdade – com medo da rejeição, de opiniões de fora ou de perder o amor da família?

Saber ser livre é entender o que está em jogo com cada decisão que tomamos. É diferente de jogar tudo para o alto. É prever as consequências de cada passo dado e, apesar dessas mesmas consequências, decidir seguir por aquele caminho.

A liberdade de poder ser você, de estar onde você quer e de fazer o que sente ser adequado para aquele momento é algo que não se compra com dinheiro nenhum do mundo.

Ser livre é saber como se quer viver.

É viver da maneira como se quer, não da maneira que foi imposta por alguém.

Recapitulando...

Muito mais liberdade em poucos passos

» Não se limite ao que está no cardápio

Nascemos para a liberdade, e só seremos plenamente felizes se tomarmos o caminho que desejamos, expondo as ideias que queremos, quem nós somos, independentemente de essas ideias serem socialmente aceitas ou não. O caminho "correto" nem sempre é aquele que escolhem para nós. Somos nós quem devemos determinar o nosso caminho.

» Não confunda liberdade com irresponsabilidade

Nossa liberdade tem um limite. Ela vai até o começo da liberdade do outro. Especialmente daqueles próximos e que, de alguma maneira, dependem de nós. Não devemos jogar tudo para o alto sem minimamente avaliar o cenário e ter clareza das consequências das nossas decisões.

A essência da coragem para fazer o que se quer

Enquanto houver livre-arbítrio, podemos decidir tudo sobre o nosso destino.

Muitos de nós não percebemos o poder que temos de fazer escolhas.

E é aí que o medo reside. O medo de acharmos que o diferente, apenas por ser diferente, é mais sombrio, mais difícil e até mesmo impossível.

Mas é justamente isso que representa a liberdade. Liberdade para não seguir o convencional, liberdade para ser você mesmo, para seguir o seu próprio caminho, liberdade para errar e aprender, liberdade para conquistar.

Toda vez que nos prendemos a conceitos, pessoas, opiniões e situações, tornamo-nos reféns e ficamos à mercê do externo.

Você é autor de sua própria vida. Você é livre para ser preso ou livre para ser livre.

Você está se empenhando em viver sua vida como quer ou deixando os outros controlarem seus passos?

Dica prática
para ajudar na tomada de decisões

Quando não confiamos em nós mesmos, temos medo de tomar decisões e por isso pedimos a opinião dos outros. Sem perceber que estamos nos diminuindo, achamos que qualquer outra pessoa será capaz de decidir melhor que nós mesmos.

Mas a grande verdade é que elas não conhecem os nossos sonhos e objetivos. Você é quem tem os pilares bem definidos e uma mentalidade totalmente livre para decidir. Apenas você é capaz de determinar qual é o melhor caminho para chegar aonde quer chegar. Só você pode decidir.

A dica prática aqui é: aprenda a DECIDIR sozinho. E vou lhe dar uma grande ferramenta.

Prós e contras
Faço rápido, sempre e para tudo. Na maioria das vezes faço sozinho. MAS se é uma decisão muito importante e tem pessoas que acredito que podem me ajudar eu peço a opinião delas sim. Porém APENAS na minha TABELA de prós e contras. Não na decisão. Não pergunto qual caminho ela acha que devo seguir. Pergunto se ela adicionaria mais algum pró ou algum contra nessa lista que talvez eu não esteja enxergando. Para enriquecer a lista e solidificar a sua decisão algumas opiniões são bem vindas. Segue um exemplo pra ficar bem claro:

ACEITAR UM NOVO EMPREGO NA BATTISTONI LTDA.

PRÓS	CONTRAS
Aumento de 30% na remuneração.	Remuneração variável somente depois de dois anos.
Férias coletivas nos principais feriados do ano = possibilidades de viajar com a família.	Equipe reduzida e maior volume de trabalho.
Plano de carreira claro e objetivo = possibilidade de tornar-me sócio.	Mais distante. Despesas maiores com deslocamento e tempo maior no trânsito.
Equipe de alto nível para compartilhar experiências.	É necessário trabalhar de roupa social e gravata.
Experiência relevante para o meu CV.	Não tem estacionamento.
Negócio alinhado com o que eu quero aprender.	Necessidade de cuidador para os filhos.
A função requer habilidades que tenho como pontos fortes.	Gastos maiores para me adaptar ao novo dress code (roupas)
Benefícios interessantes e auxílio-academia.	Cargo com maior pressão.
Cargo com mais responsabilidades.	

Comunicação
Seja ouvido, influencie mais e
conquiste tudo o que quiser

—

A responsabilidade da comunicação é de quem comunica.

Quando era criança, eu ouvia que um dos maiores comunicadores do país era o apresentador Silvio Santos. Ainda não sabia por que ele era considerado um grande comunicador, mas, toda vez que o via, pensava no meu pai.

Meu pai não trabalhava na frente das câmeras nem tinha uma emissora de televisão, mas sabia transmitir mensagens como ninguém. Dono de uma agência dos Correios, ele nos fazia entender sobre como as mensagens chegavam ao seu destino e nos levava para ver as cartinhas que as crianças escreviam para o Papai Noel no fim do ano. Só que não era isso que fazia dele um cara que eu admirava.

Ele buscava eu e meu irmão na escola para que almoçássemos juntos. Como ele e minha mãe eram separados, essa era uma maneira de estreitar o relacionamento conosco e de estar presente todos os dias. Naqueles momentos, sempre que eu entrava no carro, via pilhas e pilhas de carnês da Tele Sena amontoadas em cima do banco e envoltas por elásticos. Talvez você nunca tenha ouvido falar delas, mas nos anos 1990 eram disputadas a tapa nas agências dos Correios por quem assistia ao canal do Silvio Santos. Aos domingos, ele sorteava números, e as pessoas também poderiam ganhar prêmios assim que saíam dos Correios cheias de esperança.

O fato é que, quando ele saía com aqueles carnês, assim que estacionávamos o carro e chegava um guardador pedindo uma ajuda, ele mudava a expressão, o tom de voz e dizia com alegria "Eu não vou te dar um real: eu vou te dar a chance de ganhar um milhão de reais em barras de ouro!", e mostrava a Tele Sena.

Era comum que nessas horas, em qualquer situação, as pessoas se entusiasmassem com aquela oferta. E dessa forma ele conquistava todo mundo por onde íamos. A Tele Sena era a moeda de troca para muita coisa. Meu pai era o rei do bairro, e eu via o quanto aquilo mexia com todo mundo. O quanto aquilo era poderoso.

Além disso, enquanto almoçávamos, ele sempre dizia de um jeito certeiro: "Vocês precisam ser boas pessoas. Sem pensar em ter alguma coisa em troca. Sempre perguntem o nome, olhem nos olhos, tenham um aperto de mão firme e sorriam". Era desse jeito que ele cumprimentava todo mundo, e, quando chegávamos ao prédio da minha avó, meu pai fazia questão de sair da garagem, passar pelo térreo e ir até a portaria dar um aperto de mão no porteiro. Até hoje, quando encontro pessoas que fizeram parte do nosso passado, elas perguntam daquela figura carismática e marcante.

Apesar de observar bastante o meu pai e sua admirável facilidade em encantar as pessoas, eu ainda não era um cara que sabia me comunicar tão bem assim em público. Até começar o teatro. Foi lá que entendi a premissa básica da comunicação: saber claramente qual mensagem se deseja transmitir.

Recebíamos o roteiro e o diretor era objetivo: absorva a mensagem e, assim que ela estiver clara para você, encontre um modo de comunicar que traga toda a emoção em cada ato. Quando ele dizia "emoção", eu percebia que fazia toda a diferença: o tom de voz, o ritmo, a intensidade. Na comunicação em cima do palco era vital que fossem colocados todos os ingredientes.

Você já deve ter percebido isto: o que prende as pessoas quando você está comunicando algo pouco tem a ver com as palavras utilizadas. Se quer comunicar algo, você tem que trazer emoção e colocar energia no que deseja comunicar.

Claro que, se meu pai entregasse uma Tele Sena para alguém e simplesmente dissesse "Tome aqui esta Tele Sena e você pode ganhar alguma coisa", sem qualquer entusiasmo no olhar ou no tom de voz, as pessoas não entenderiam que se tratava de algo positivo e grandioso. O fato é que ele colocava toda a sua energia quando gritava "Você pode ganhar um milhão de reais em barras de ouro!".

Dessa forma, mesmo sem ter feito curso de teatro, meu pai entendia bem sobre se comunicar. Porque a comunicação não depende só do que a pessoa diz: depende muito mais de os outros entenderem o que está sendo comunicado.

Se meu pai fosse um simples dono de agência dos Correios que não soubesse do que a Tele Sena era capaz, jamais seria um bom vendedor do produto. Ele não teria clareza do que precisava comunicar nem dentro, nem fora dos Correios.

Seja lá o que for que você quiser vender ou dizer, precisa saber a respeito. Esse seria o seu primeiro passo. E só a partir de então você deve passar isso adiante.

O segundo passo é entender o seu público. Se vai falar com um grupo de juristas, tem que se comunicar de um jeito; se vai se dirigir a um grupo de donas de casa, é de outro. Ajustar a comunicação é imprescindível.

Um passo adiante é entender como se vestir, que recursos usar, quais ferramentas. Porque até mesmo a textura da sua roupa ou a decoração ou cor do local em que você está pode transmitir uma mensagem. Comunicar vai muito além de falar. Comunicar é falar além das palavras para que a pessoa que o está escutando capte o que você precisa dizer.

O grande desafio do comunicador é saber – seja numa entrevista de emprego, numa conversa de WhatsApp, numa palestra ou onde estiver – ser claro e transmitir a mensagem.

Temos a mania de achar que é só por meio das palavras que comunicamos, mas a palavra representa apenas 30% do que dizemos.

Talvez você não se lembre, mas um dos grandes comunicadores do cinema foi Charles Chaplin. O cara era simplesmente genial e transmitia o que queria por meio de gestos e mímica.

Não sei quanto a você, mas, quando estou me comunicando, abuso da expressão corporal. Não sei se é porque sou descendente de italianos, que costumam usar muito as mãos na hora de se expressar, o fato é que, por ser bem expressivo, acabo usando todo o meu corpo quando quero que entendam o que estou dizendo.

Outro dia, um fotógrafo fez umas fotos minhas durante uma palestra e, no final, me surpreendeu com a notícia: "Cara, não sei se alguma ficou boa". Tentei entender o motivo e ele explicou: "Você estava sempre arregalando os olhos, ou com a boca aberta, ou bagunçando o cabelo".

Comecei a entender que estava abusando das expressões faciais para me comunicar, mas aquele recurso era poderoso para engajar o meu público, colocar energia e emoção na minha comunicação.

Só que, ao mesmo tempo que certas coisas fazem as pessoas se engajarem no seu discurso, outras podem afastar seus ouvintes completamente. Um exemplo é o uso de palavras e termos em inglês: fui percebendo que eram facilmente absorvidos por uma parcela do público, mas eram ignorados pela maior parte dele.

Se a sua comunicação afasta, esqueça.

Muita gente me pergunta como fazer para se comunicar com eficiência, e eu sempre digo que faz parte da natureza do ser humano se comunicar. Desde criança, quando queremos algo, choramos. E, embora possa existir comunicação sem influência, não existe influência sem comunicação.

A comunicação é a base da influência. Para ser livre, você precisa entender isso.

Quando paro e penso em como evoluímos historicamente por causa da comunicação, fico perplexo. Tudo começou lá na época das cavernas, quando nossos ancestrais saíam para caçar mamutes e deixavam as dicas desenhadas nas paredes para quem viesse depois. Era assim que transmitiam conhecimento e passavam adiante aquilo que tinham aprendido.

Da mesma forma, quando escrevemos um livro, compartilhamos o que aprendemos e a nossa visão de mundo, a fim de abrir caminho para quem ainda não os trilhou.

A comunicação transcende fronteiras e línguas. Entendi isso no Marrocos. Entre as viagens pelo mundo, numa das vezes em que estava na Alemanha, fiz um curso de Bolsa de Valores e meu grupo ganhou um campeonato cujo prêmio era de 500 euros. O Sparkasse, um banco alemão, pagou o prêmio, e sugeri a meus colegas que viajássemos para algum lugar diferente, de cultura árabe, já que, dos cinco premiados, três nunca tinham feito isso.

Com o dinheiro que ganhamos, comprei passagens para Marrocos e, ao chegar lá, alugamos um carro. Em determinado momento, após uns sete dias de viagem, dirigindo próximo ao deserto do Saara, vimos um menino pedindo carona. Ele tinha uns 14 anos.

Eu estava dirigindo e quis parar. Meus colegas disseram que era perigoso, que não cabia no carro, que não o conhecíamos, mas eu sou brasileiro e não desisto nunca. Convenci todos a pararmos o carro e nós esprememos o garoto lá dentro.

A cidade para onde ele estava indo ficava a 45 quilômetros de onde estávamos, e eu decidi levá-lo. No Marrocos, as pessoas falam francês e eu não entendia uma palavra, mas conversava com ele por meio de gestos. Falamos de futebol, do Brasil, dos hábitos deles e, quando chegamos ao vilarejo, onde ele morava, Aït Benhaddou, seus pais, cheios de gratidão, nos convidaram para almoçar.

As casas eram feitas de argila e eles moravam numa região completamente afastada da cidade, onde havia uma única nascente de água e mais nada. Mataram uma galinha para almoçarmos e fizeram de tudo para ficarmos hospedados ali com eles.

Queríamos retribuir com dinheiro, mas eles não aceitavam, então fomos buscar mais galinhas na cidade para soltar no quintal. E dessa forma os dias foram passando. Nunca vou me esquecer da experiência que tive por causa de uma carona.

Nossas noites eram no meio do deserto, sem luz elétrica, e com um lampião nas mãos nós víamos o céu mais estrelado que eu jamais poderia supor que existia. No fim da tarde, eles chamavam os vizinhos para tocar música, colocavam todo o cuscuz num prato e todos compartilhavam com as mãos. O aroma do chá, das ervas e do fumo se misturava e aquele ambiente me fazia sentir num filme.

No último dia, desenhamos numa placa de madeira e deixamos como agradecimento da nossa passagem por lá. Três anos depois, quando um casal de amigos viajou pela região, mandei as fotos do vilarejo para eles e pedi que localizassem aquela casa. Para nossa surpresa, eles não apenas localizaram como foram convidados a se hospedar lá. Nossos anfitriões ainda se lembravam de nossa passagem com alegria e mostraram a placa para eles.

Tudo isso aconteceu sem que qualquer um de nós soubesse uma única palavra do idioma do outro.

A comunicação transcende as palavras. Eu acredito que talvez, no futuro, sejamos tão hábeis que possamos nos falar por telepatia ou olhar.

Mas para falar é preciso ouvir. Ouvir é ouro, e falar é prata. Você só consegue se comunicar e falar bem se for capaz de ouvir bem e de processar a informação, coisas que, na época da produtividade, não são fáceis.

Por isso hoje se fala tanto em atenção plena. Concentrar-se na pessoa com a qual se está conversando muda todo o jogo. Todo mundo sempre me deu o seguinte feedback: você sempre presta muita atenção ao que estou falando. Nem sempre fui assim, mas decidi ser e hoje não admito conversar com uma pessoa que esteja falando ao celular ou mexendo nele. Para mim, se estou com alguém, estou 100% entregue àquela conversa.

Isso gera uma reciprocidade implacável. É impossível que, quando eu começar a falar, você faça diferente. Naturalmente você vai retribuir o gesto. E isso nos faz sentir valorizados e respeitados.

Quando as pessoas escutam e ouvem alguém, esse alguém gera influência sobre ela. E não estou falando de influência negativa. Estou dizendo que esse alguém passa a fazer parte da construção de caráter dos outros, assim como meu pai fez parte da construção do meu ser.

Ao se comunicar com eficiência, você pode não estar distribuindo um milhão de reais em barras de ouro, mas pode fazer mais do que isso: estabelecer conexões verdadeiras é precioso e pode possibilitar que você desfrute de experiências que dinheiro nenhum no mundo pode pagar.

Desfrutar dessa troca só depende de você.

Recapitulando...

Princípios para comunicar qualquer informação a qualquer pessoa

» Não é só "o que" você fala: é "como" fala que importa
Precisamos colocar emoção e intensidade na mensagem, dramatizar a ideia, usar o tom de voz correto e a linguagem corporal adequada, pois o nosso corpo também fala.

» Tenha propriedade sobre aquilo que fala
Temos que aprender e entender sobre aquilo de que estamos falando. A partir daí, podemos mostrar como isso pode ser útil para quem está nos ouvindo e conseguimos comunicar o que realmente é importante.

» Saiba que ouvir é ouro e falar é prata
Antes de falarmos tudo o que temos para informar, é importante saber ouvir. Além disso, quanto mais atenção plena damos às nossas conversas, mais reciprocidade geramos com quem está falando conosco. Isso é poderoso, valoriza as pessoas e nos faz sentir respeitados também.

A essência da comunicação

A responsabilidade pela comunicação é de quem comunica. O maior desafio de qualquer comunicador é transmitir sua mensagem com clareza, e a melhor forma de começar é dominando o assunto.

O próximo passo, idealmente, é conhecer bem o seu público. Depois, o que de fato prende a atenção das pessoas é a emoção e a intenção que colocamos na fala. A força que há nas palavras pode abrir ou fechar portas, destruir ou transformar pessoas.

A comunicação é um dos alicerces da influência. *Embora possa existir comunicação sem influência, não existe influência sem comunicação. A palavra tem poder.*

Dica prática
para se comunicar melhor

Com o seu celular ou uma câmera, grave um vídeo que dure de 3 a 10 minutos em uma situação na qual você esteja falando para outras pessoas, como em uma sala, uma mesa de reunião, uma roda de amigos, uma negociação, uma videoconferência, uma apresentação, um trabalho de faculdade etc.

Depois de gravar o vídeo, assista a ele com calma e repare nos seus gestos, postura, expressões, tom de voz, vícios de linguagem, carisma, respiração, movimentos dos olhos e da boca e todos os demais trejeitos. Repare também no conteúdo, na organização das ideias, na linha de raciocínio, na relevância para o público e na duração.

Reflita sobre como você se sentiu ao apresentar. Se quiser, repita a gravação, corrigindo o que chamou a sua atenção e lance mão de recursos que possam melhorar a sua performance: um roteiro, ferramentas, maior autoconsciência de seus gestos e movimentos etc. Me procure também nas redes sociais onde posto diariamente muito conteúdo sobre isso.

Nada é tão poderoso quanto se dar conta do que pode ser melhorado em relação à única pessoa que importa neste mundo: você mesmo.

Comparação
O caminho certo para a inferioridade

—

Pare de comparar seu bastidor com o palco do outro.

Ainda me lembro de que, quando era criança, a professora chamava nome por nome na hora de entregar a prova de matemática corrigida, e eu me levantava sentindo frio na barriga até o momento de receber a minha. Um dia, que ficou muito marcado na minha lembrança, eu e o meu amigo Caio estávamos tensos para saber a nota porque sabíamos que não tínhamos ido muito bem.

Quando a professora chamou meu nome, eu me levantei, peguei a prova e bati o olho na nota. Tinha tirado 2,75. Era a pior nota que já tinha tirado na vida. Como eu ia explicar aquilo em casa? Como a minha mãe ia receber a notícia? E o boletim que viria depois com as médias? Todas as pessoas pareciam cabisbaixas com seus resultados.

Comecei a me preparar mentalmente, imaginei a sequência de fatos se desenrolando, a cara de desapontamento da minha mãe, e, assim que olhei para o lado, o Caio tinha recebido a prova dele. Parecia paralisado.

– Caio, quanto você tirou? – perguntei, apreensivo.

Para minha surpresa, a resposta dele me trouxe alívio.

– Zero.

– Zero? Como assim zero?

Peguei a prova e soltei o ar. Eu não tinha ido tão mal assim. O Caio, que era *o Caio*, tinha tirado zero. Saber que alguém tinha se saído pior do que eu na prova me trouxe confiança. E foi assim que dei a notícia ao chegar em casa com a bomba.

– Mãe, tivemos uma prova de matemática bem difícil e a sala toda foi mal... para você ter uma ideia, o Caio tirou zero!

Ela arregalou os olhos. Sabia que o Caio era esforçado.

– E você? Quanto tirou? – perguntou na sequência.

– Ah, mãe, eu até que fui bem... Tirei 2,75... Nossa, estava impossível acertar alguma coisa naquela prova...

Quase trinta anos depois eu ainda dou risada dessa cena. Não sei ao certo o quanto convenci minha mãe sobre ter ido bem, mas certamente convenci a mim mesmo. Por mais que eu soubesse o quanto aquele resultado tinha sido sofrível, comparálo a quem tivera um resultado pior que o meu me fez celebrar aqueles míseros dois pontos.

E aqui eu quero lhe dizer uma coisa: reitero que a única pessoa com quem você deve se comparar é consigo mesmo, com quem você foi ontem. E essa é a sua única chance de medir seu progresso, mas sei também que é natural do ser humano se comparar com o outro. Mesmo que isso não nos leve a lugar nenhum, sempre estamos nos comparando com alguém.

Até chegar à idade escolar, uma criança já começa a se comparar com os outros. Por sermos cobrados pelo resultado, que no caso são as nossas notas, quando obtemos uma nota alta aquilo nos faz sentir melhores do que os que tiveram nota baixa.

Em casa as crianças em geral também são comparadas aos irmãos. Somos recompensados quando os pais acham que merecemos uma atenção especial porque fomos mais educados, ou porque fizemos algo de que eles gostaram. É assim que começamos a ativar nosso sistema de recompensa: quando comparamos nosso resultado ao de alguém.

Só que a gente cresce e, se não sabe lidar com a comparação, começa a alimentar uma frustração sem fim. Já presenciei inúmeros casos de amigos que viviam num ciclo infinito de frustrações ocasionadas por comparações grotescas. O que acontecia nesses casos era um looping em que eles perdiam a autoconfiança a cada vez que se comparavam com alguém que estava fazendo algo havia muito tempo ou que estava tendo resultados aparentemente melhores.

Eu mesmo já fiz isso algumas vezes. Da primeira vez que fui fazer um treinamento do Tony Robbins, sentado na minha cadeira, achando que eu era o empreendedor do ano com minhas três empresas, comecei a ouvi-lo falar sobre o gerenciamento de suas cinquenta e oito empresas, seus dois filhos, os cuidados especiais com seu terceiro filho adotivo e também sua dedicação à própria saúde, aos treinamentos e às palestras.

Depois de ficar sem fôlego, comecei a me sentir mal comigo mesmo. Se ele conseguia fazer tanta coisa, por que eu fazia tão pouco? Demorou um tempo para eu sair daquele estado insignificante em que me vi, acreditando que poderia estar fazendo mais coisas ao mesmo tempo.

Por que será que eu estava ali me comparando com um cara que faz o que faz há três décadas?

Pesquisando sobre a comparação, descobri que, na década de 1950, um psicólogo chamado Leon Festinger desenvolveu a chamada "teoria da comparação social". Basicamente, Festinger afirma o que nós sabemos, mas não conseguimos comprovar: o ser humano tem uma tendência a comparar suas habilidades às dos outros porque não sabe como validar se aquilo que fez teve um bom resultado. Se por um lado isso é ruim, por outro nos ajuda a organizar internamente uma série de certezas e incertezas.

Se eu, naquela comparação grotesca com o Tony Robbins, me sentisse mal pelos meus resultados, iria amargar dias em que me sentiria um lixo. Ou eu poderia usar o exemplo dele como fonte de inspiração e aprender tudo o que fosse possível com a maneira como ele construiu seu legado.

Tem quem se apegue tanto às comparações que isso passa a fazer parte de sua vida. É mais ou menos a fórmula certa para o fracasso. No livro *How to make yourself miserable* (*Como ser um infeliz*), Dan Greenburg diz que, quando nos comparamos ao outro, geralmente fazemos isso de forma injusta.

É o que sempre digo sobre comparar nosso "bastidor" com o "palco" de alguém: esquecemos toda a trajetória da pessoa em questão e focamos apenas no sucesso dela. Além de ser injusto com o que já conquistamos, é a pressão por resultado que gera ansiedade, tristeza e faz alguns jogarem a toalha.

Já vi pessoas que usaram a comparação como mola propulsora para chegar aonde acreditavam que podiam chegar, como se a comparação fizesse com que elas detonassem uma força interna capaz de implodir a inércia. Nesse caso, a comparação aparentemente fortalece, mas nos coloca como reféns desse tipo de comportamento – e só conseguimos agir quando vemos alguém que queremos superar.

Certa vez, um amigo educador financeiro bem-sucedido com quem eu tinha trabalhado tempos atrás pediu umas dicas no Instagram. O canal dele no YouTube tinha milhões de inscritos, mas, no Instagram, a sua performance não era tão boa. Na época ele possuía alguns milhares de seguidores e eu já tinha mais de 100 mil.

Nós nos reunimos, eu compartilhei algumas dicas e dois anos depois nos reencontramos. Ele estava com mais de 3 milhões de seguidores e desfrutava de uma performance excelente que tinha conquistado num jogo suado, com *lives*, imprensa e um planejamento focado em resultado.

Olhei para aquilo e lamentei não ter ido com tudo para as minhas redes naqueles dois anos. Amarguei a frase dele: "Cara, você perdeu os dois melhores anos de crescimento dessa rede".

Fiquei durante um bom tempo me massacrando internamente, pensando em como recuperar o tempo perdido, e isso gerou uma crise de ansiedade. Então, caí em mim. Eu estava em outro momento da vida, com foco em outras coisas, e não tinha injetado força naquela área porque tinha priorizado outras.

O próprio Steve Jobs falava muito sobre que tudo é questão de prioridade. Várias pessoas priorizam tanto as conquistas materiais e profissionais que, ao chegarem a um nível altíssimo de ganhos financeiros, percebem que trocariam tudo por uma vida mais simples, tendo, por exemplo, mais tempo com a família.

Quando comparamos, vemos sempre o *winner* ou o *loser*, como os norte-americanos. Não somos amorosos com o nosso avanço, e entramos num colapso nervoso porque essa comparação gera cada vez mais competição.

Quem está sempre na frente em geral não se compara com ninguém, caso da foto clássica do Michael Phelps, nadador com os maiores recordes do mundo, numa competição onde ele está em primeiro lugar e o segundo está olhando para ele em vez de nadar.

Gastar energia olhando o que o outro está fazendo em vez de se concentrar no seu jogo pode colocar tudo a perder.

A pergunta que você deve fazer é: *Estou me comparando com alguém?*

Se você perceber que está se cobrando demais, observe e pergunte a si mesmo *com base em que* está fazendo essa comparação. Depois de entender isso, pergunte a si mesmo se a comparação procede, porque ela pode ser ou não justa.

Se determinada pessoa é sua referência e você está buscando uma maneira de chegar ao ponto em que ela está, pode ser saudável, desde que você entenda que são tempos diferentes e indivíduos diferentes.

A mágica é se questionar.

Como bom amante da série de filmes *Star Wars,* costumo dizer aos meus liderados que não quero ser o Luke Skywalker para eles. Quero ser o Mestre Yoda.

Por que digo isso? Porque sei que as pessoas querem descobrir sua própria força, dominá-la, lidar com seus conflitos, se tornar um Jedi e salvar o Universo.

Todo mundo quer fazer isso. Todo mundo quer ser a força que vai salvar seu universo.

O problema é que, se eu for esse cara, não haverá espaço para o outro. Eu quero só ser o Yoda, que já salvou o Universo quando foi seu momento e agora aponta caminhos, faz questionamentos e dessa forma contribui para que você descubra sua força e conquiste o Universo.

Cada um tem a luz necessária dentro de si para brilhar. E a comparação, muitas vezes, nos faz esquecer da nossa luz interior. Quando esquecemos dela, queremos nos aquecer na luz do outro, queremos nos ancorar na luz do outro, ou brilhar por meio da luz do outro, por vezes até querendo que a do outro seja um pouco mais fraca para podermos reluzir um pouco mais.

Só que, se mantivermos o foco no objetivo, sem perder a essência, e entendermos que todos temos nossa própria luz, a vida fica mais colaborativa, menos competitiva e nos comparamos apenas com nós mesmos, na tentativa de sermos cada dia melhores – sem que *melhor* signifique *melhor que o outro.*

Apenas melhores que nós mesmos.

Recapitulando...

Como se livrar do perigo da comparação

» Não compare seu bastidor com o palco dos outros
Especialmente em um mundo de redes sociais, somos influenciados e tendemos a nos comparar demais com os outros. Normalmente essa comparação é injusta conosco, pois ignoramos toda a trajetória (bastidor) do outro até chegar lá e focamos apenas o sucesso (palco). Além de gerar pressão por resultado, a ansiedade e a tristeza podem fazer algumas pessoas até desistirem no meio do caminho. Não podemos cair nessa armadilha.

» Seu maior concorrente tem que ser você mesmo
Devemos respeitar nosso processo de evolução. A única pessoa a quem devemos nos comparar somos nós mesmos com quem fomos ontem. E essa é a única chance de medirmos nosso progresso. Compare o seu "eu" do agora, do presente, ao seu "eu" do passado e veja o quanto você melhorou.

A essência de não se comparar

Eu sei a receita exata do fracasso: tentar agradar a todo mundo e se comparar a todo mundo. Só existe inferioridade e superioridade quando há comparação. Por isso, para que se comparar? Você é o que é, único e especial, e deve se valorizar por isso.

Descubra e acredite na luz que há em você. Não deixe a comparação fazer você se esquecer disso, pois, quando nos esquecemos da nossa, queremos nos aquecer na luz do outro, queremos nos ancorar na luz de outra pessoa e brilhar na luz dela. Quem não brilha por si só fica refém de alguém ou de alguma coisa. Isso limita a sua liberdade.

A grama do vizinho sempre vai parecer mais verde, e as comparações tornam-se apenas desculpas no final. Você não tem nada a ganhar; pelo contrário, tem muito a perder quando se compara.

Tenha pessoas apenas como boas referências para você crescer. Inspiração em vez de comparação.

Dica prática
para ficar livre de comparações

Comece a escrever um diário. Todos os dias, escreva pelo menos três coisas importantes que aconteceram. Em seguida, registre também o que você (e somente você) poderia ter feito para melhorar pelo menos uma das três coisas.

Escrever em um diário todos os dias o tornará mais responsável e disciplinado. Juntamente com a constante autoanálise do que poderia ter sido feito de maneira melhor, isso vai gerar a grande transformação na sua vida: você vai se comparar apenas consigo mesmo.

Antes de finalizar essa tarefa diária, registre três coisas pelas quais você é grato e explique o porquê.

Quando somos gratos por quem somos e pelo que temos, a necessidade de nos compararmos com os outros desaparece.

Escreva as três coisas pelas quais é grato, por favor.

Liberdade espiritual

Liberdade espiritual é saber que a conexão com os mistérios da vida é sua e que você é o único que pode estabelecê-la, sem depender de qualquer lugar físico como intermediário. Conhecer as diferenças entre religião e espiritualidade, respeitar a crença do próximo e entender que, no final, mesmo que usemos nomes diferentes, todos falamos e acreditamos basicamente na mesma coisa: na existência de um plano maior para todos e que não estamos aqui por acaso.

Liberdade espiritual é acreditar nisso, ser melhor a cada dia, transbordar o que temos de melhor para as pessoas, não criar regras e entender que somos mais que apenas poeira vagando por aí. É ser o criador da própria jornada. Ter uma conexão direta com seu Deus interno, saber acender sua própria chama sem depender de fatores externos. Ninguém precisa lhe dizer o que fazer quando você está sintonizado consigo mesmo, com seu coração e com seu propósito.

Isso é liberdade espiritual.

Agora, pare por um momento e responda às seguintes perguntas:

» Como a espiritualidade se manifesta no seu dia a dia? Você é livre para expressá-la?
» Em que você acredita?
» Como se conecta?
» Como se reabastece?
» Quais são as suas fontes vitais?

Hoje eu quero ser grande, um grande porta-voz da liberdade, e não quero diminuir ninguém. Quero mesmo é ser trampolim para os outros. Não âncora. Eu conscientemente quero engrandecer as pessoas para que elas saiam maiores depois de nos encontrarmos.

Já fui o cara tóxico, venenoso, que reclamava de tudo, mas conscientemente escolhi não ser mais essa pessoa. Escolhi incendiar corações com amor, distribuir gratidão, elogios, palavras de generosidade, fazer a energia do amor circular livremente na minha vida. E, desde que adquiri consciência de quem eu era e de quem queria ser, às vezes acordo à noite e não consigo mais dormir. Eu me questiono constantemente: *qual é o meu propósito aqui? Qual o objetivo da vida?* Por isso percebi que a liberdade espiritual trazia consigo certa responsabilidade, porque quem se questiona naturalmente quer viver uma vida de propósito, quer sair desta existência melhor do que entrou. Quer evoluir e levar os outros consigo nessa evolução.

Hoje eu sei que minha vida faz sentido, tem sentido. Não é vazia. Eu não queria apenas consumir o que a Terra tinha de bom para dar, acumular coisas e morrer. Sou um cara cético e questionador, mas sempre peço sinais a Deus, ou como você quiser chamar. Você é livre para isso também.

Viver a sua vida sem condicionamentos, regras, dogmas, padrões é libertador, até mesmo para trilhar seu caminho com sabedoria e contribuir com grandiosidade. Afinal, a verdadeira felicidade está em compartilhar o que você tem de bom e agregar valor à vida do outro.

A força do pensamento
Onde o futuro começa

—

Você é aquilo que pensa.

Um assunto que sempre me fascinou e com o qual comecei a ter familiaridade há poucos anos é a força do pensamento. E, se até aqui você achou que estávamos falando de liberdade apenas no âmbito físico, saiba que a partir de agora quero descortinar um novo mundo: expandir a consciência traz liberdade, e, à medida que começar a entender mais sobre tudo o que nos cerca, mais capacidade terá de discernir o que deseja no seu caminho e na sua vida.

Vou dar um exemplo que pode parecer pequeno, mas que para mim representa exatamente a força que o nosso pensamento tem na construção da nossa realidade.

Eu tenho um cachorro da raça Spitz. Quando crescem, os cães dessa raça pesam no máximo três quilos. Assim que ele chegou à nossa casa, cabia na palma da minha mão, e eu o chamei de Gigante. "Você vai ser Gigante". Quem estava perto de mim deu risada, porque era algo praticamente impossível de acontecer.

Hoje meu cachorro pesa 11 kg e é de um tamanho que nenhum outro Spitz no mundo alcançou. Nossa veterinária fica em choque quando o vê, e a única certeza que tenho é de que tudo ao nosso redor recebe a energia que colocamos. Não é questão de acreditar simplesmente – tem a ver com enxergar aquilo antes mesmo de as outras pessoas poderem ver. E aí que quero que você entenda uma coisa bem simples: a visão da qual eu falo é criada a partir daquilo que acreditamos que pode ser verdade. E, quando acreditamos verdadeiramente naquilo, nada nem ninguém é capaz de dizer que estamos errados ou de brecar nossos sonhos e movimentações em direção à tal da visão. É o poder e a certeza de conseguir enxergar a árvore dentro da semente.

Falar "você é o que você pensa" pode parecer bobo, mas vou provar que não é.

Desde sempre eu fiz treinamentos mentais antes de realizar coisas. Eu construía na mente o que iria fazer a seguir. Desde as pequenas coisas até as grandes, eu visualizava e depois tinha muito mais força para realizar aquilo. Era como se fazer no nível do pensamento queimasse etapas do treinamento. Depois descobri que essa "técnica" era usada por grandes treinadores do mundo todo, e que o Ayrton Senna chegava a ficar oito horas num único dia apenas treinando a mente para uma corrida. Ele sabia que, se trilhasse aquele caminho mentalmente antes da prova, teria mais domínio no momento da competição.

Assim, comecei a investigar as estratégias mentais por trás disso tudo.

Afinal, por que razão o pensamento positivo funciona tanto?

Para começar, eu vou explicar um conceito muito novo que faz bastante sentido e se chama neuroplasticidade. Basicamente, refere-se à capacidade do nosso sistema nervoso de mudar, de se adaptar e se moldar nos níveis estrutural e funcional ao longo do desenvolvimento neuronal quando nos sujeitamos a novas experiências. O mais curioso é que podemos submeter o nosso cérebro às experiências – e isso faz toda a diferença, porque ele não consegue diferenciar a experiência vivida da imaginada e cria uma avalanche de neurotransmissores. Sua química muda e você literalmente é capaz de dar comandos ao seu corpo quando treina seu pensamento.

Pode até parecer charlatanismo esse papo de "cura quântica" ou "cura física" a partir do pensamento, mas não é.

Se antes a questão do pensamento era desprezada pela ciência, hoje existe um acervo de documentários com físicos, médicos e profissionais das mais diversas áreas que asseguram que podemos modelar nosso cérebro – e modificar a química de todo o corpo por meio de comandos do pensamento.

Imagine que você fica o dia todo ruminando um pensamento ruim: isso enfraquece suas células a tal ponto que você se sente fraco. O contrário também é verdadeiro: quando você visualiza a cura, as células se regenerando, a sua energia se reestabelecendo, seu corpo responde exatamente ao que você está pensando.

A neurociência mostra de que modo isso acontece e como os pensamentos podem nos envenenar ou nos ajudar a sair de uma situação. Vou dar um exemplo bem simples e físico: se você imagina uma situação que lhe provoca medo, o seu corpo recebe uma dose cavalar de cortisol, hormônio produzido para situações de luta ou fuga. Esse hormônio pode ser criado com a simulação de uma situação, sem haver qualquer perigo aparente. Da mesma forma, se uma pessoa imagina uma situação que suscita amor, seu corpo pode produzir ocitocina e ela vivenciará uma sensação brusca de felicidade e alegria.

As duas situações descritas afetam fisicamente o nosso corpo.

Tudo bem: até aí, muita gente já está familiarizada com essa coisa de "o pensamento afeta as suas células". O filme *O segredo*, que popularizou a Lei da Atração e trouxe a Física Quântica, nos mostrou isso.

O que eu quero trazer aqui, a partir desse entendimento, é algo que não pode ser mensurado nem visto, mas que tem um poder absurdo na sua vida. E o nome disso é força magnética.

Talvez você já tenha ouvido alguém dizer que tal pessoa tem "magnetismo", que certas coisas exercem uma "força magnética", não? Pois é: o magnetismo é um fenômeno que atua no espaço de cada átomo do Universo. Entre as pessoas ele é tão sutil que influencia emoções e pensamentos, criando uma força. A força magnética dos elétrons gira em torno de cada átomo, e a própria Terra é um grande circuito magnético. Para você ter uma ideia, algumas espécies de animais conseguem entrar em contato com o campo magnético terrestre e orientar-se em longas viagens.

Existem mais coisas do que podemos ver entre o Céu e a Terra, e o magnetismo é uma delas. Para ter um bom magnetismo, é imprescindível ter bons pensamentos, porque são as ondas dos pensamentos que emitem uma frequência vibracional – e, de certa forma, você acaba alinhado ao que pensa justamente porque é criada em torno de você uma energia que não pode ser vista, mas que pode ser medida em hertz. Essa frequência vibracional é o que faz toda a diferença. E o pensamento pode nos conduzir e elevar para frequências mais altas.

Pode parecer papo de louco, mas, da mesma forma que sintoniza um rádio numa estação, você pode sintonizar sua mente em determinado pensamento. E a qualidade dele pode elevar a sua frequência. Talvez não seja tão simples de entender, mas vou explicar de modo breve: você precisa sintonizar bons pensamentos para ter uma frequência vibracional mais alta. Quanto mais alta ela for, maior o seu magnetismo pessoal.

É por isso que gente "baixo astral" parece sugar sua energia e deixar você mal ou com dor de cabeça e pessoas "alto astral" o impulsionam a sorrir, a ser melhor e a estar mais aberto.

Quando vigiamos nosso pensamento, temos domínio sobre a energia que emitimos e começamos a entender em qual frequência estamos vibrando. Vibrar em alta frequência é o mesmo que ter um bom magnetismo – e isso também tem impacto positivo na sua saúde, nas suas relações e na realização dos seus desejos. À medida que coloca uma energia em forma de pensamento, direcionando-a para algo, o elemento é atraído em sua direção como se forças inexplicáveis o conduzissem até você em vez de você ser conduzido até o que quer.

Mas como aumentar a frequência vibracional? Um jeito simples é tomar sol, ficar ao ar livre, entrar em contato com a natureza, cercar-se de vida e se recarregar com *prana*, que é a força vital do planeta. Quando você combina a recarga energética com a força do pensamento, *bum*! Acontece o que eu chamo de milagre.

Você ganha imunidade, seu corpo fica mais forte, e tudo o que você pensa acaba acontecendo, porque você entende o caminho para realizar sonhos. Quanto maior a frequência – ou melhor, quanto mais alta –, mais você se fortalece e aumenta seu magnetismo. Quando conseguimos ter consciência de como expandir nosso pensamento para ter mais magnetismo, temos o domínio de que somos nós que nos preservamos e nos curamos, zelamos por nossa energia, geramos novas oportunidades para nossa vida.

Cada um é capaz de gerar sua saúde mental conforme escolhe cada pensamento. E isso é hábito. É observar como estão seus pensamentos todos os dias e toda hora.

Já passou do momento de vigiarmos nossa mente para jogar força para cada um dos pensamentos. Somos capazes de transformar cada situação cotidiana trazendo um pensamento firme que determina os acontecimentos antes mesmo de eles se tornarem reais. Pessoas com pensamentos firmes são dotadas de magnetismo, dotadas de fé, e estão sempre criando o seu dia a dia conforme a determinação da sua mente. Criam condições de saúde, de abundância, de alegria, criam condições internas que se sobrepõem a qualquer evento externo perturbador. São pessoas magnéticas, pessoas que curam, pessoas que acionam verdadeiros milagres pela força do *pensar*, que é energia em movimento.

Se porventura aparece uma informação destrutiva e um pensamento ruim – porque nossa mente cria isso o tempo todo –, é sua obrigação destruí-los, limpá-los imediatamente, bloqueando o acesso mental a tudo isso. É treinar dia após dia.

Imagine que está na cozinha da sua casa, com uma vista espetacular, fazendo a sua comida. E de repente um pombo passa, entra na sua cozinha e defeca na bancada. A bancada estava limpa e fica suja de cocô de pombo. Logo depois, uma ventania traz o lixo que estava parado no telhado do vizinho. Ele invade sua cozinha. Tudo fica sujo. Você continua cozinhando ali? Ou para imediatamente para limpar a sujeira?

Temos que parar imediatamente e limpar a sujeira que vier quando estamos com a mente limpa. E limpar quer dizer eliminar tudo aquilo que suja a nossa mente. Apenas com ela limpa – o mesmo que acontece com a nossa cozinha – é que conseguimos nos alimentar de verdade com alimentos de qualidade.

Temos uma força inesgotável e incondicional dentro de nós que está a nosso serviço. Somos perfeitos. Nascemos na perfeição divina e podemos criar condições para tudo o que nos cerca.

Seja vigilante quanto ao seu pensamento e determine aonde quer chegar por meio de sua força. Eu garanto que é você quem determina o tamanho dos seus sonhos, da sua estrada e as condições da sua vida.

Basta ser livre para vigiar o que pensa a cada minuto e determinar o que quer para si. Dessa liberdade, que faz voar, que coloca você em contato com o que há de mais mágico sobre a Terra, é que nascem os maiores milagres.

Dê a si mesmo o melhor pensamento e receberá o melhor.

Essa é a magia da vida.

Recapitulando...

Elimine todos os pensamentos negativos em poucos passos

» Vigie cada micropensamento para gerenciar os grandes
Não adianta sonharmos se pensarmos de forma negativa todos os dias. Por menor que sejam os pensamentos negativos, eles são bastante competentes em tirar nosso foco do objetivo. Precisamos cortar o mal pela raiz.

» Direcione seus pensamentos
Se nossos pensamentos são poderosos, podemos direcioná-los a um propósito ou objetivo que almejamos. Funciona como um ímã que você aponta para onde quiser. E é justamente quando canalizamos essa força interior que a mudança começa a acontecer.

» Vibre na frequência certa
Devemos aprender a controlar a nossa energia. A melhor forma de fazer isso é estar conectado à fonte primária de energia que é a natureza. Manter pensamentos positivos, interagir com outras pessoas e desfrutar daquilo que nos faz felizes é a chave para permanecermos em alta vibração.

A essência da força do pensamento

Pensar é energia em movimento. É preciso vigiar cada pensamento, por menor que seja. Seus sonhos devem estar em sintonia com seus pensamentos. Não adianta sonhar alto e pensar besteira todos os dias. Você atrai aquilo que pensa.

O pensamento positivo nada mais é que um pensamento carregado com intenção. O poder desse tipo de pensamento ultrapassa barreiras se você o direcionar corretamente.

É preciso pensar no melhor para ser melhor.

Dica prática
para dominar o pensamento

O exercício para se livrar da contaminação mental é um mantra que você vai repetir sempre que sentir que reagiu de forma negativa a alguma situação. O Ho'oponopono é uma técnica havaiana que parece muito simples, mas é inacreditável a sua capacidade de restaurar a harmonia interior e limpar pensamentos negativos imediatamente.

Aplique a técnica repetindo o seguinte mantra:

EU TE AMO, ME PERDOE, SINTO MUITO, SOU GRATO(A).

Repita várias vezes, mentalizando cada palavra. Imagine-se falando isso para si mesmo e/ou para as pessoas que você ama. Repita até se sentir bem e perceber a paz tomando conta. Conforme você praticar, mais fácil será se livrar de pensamentos nocivos.

Brilho nos olhos e energia
Aprenda a elevar sua energia e
entusiasmo ao nível máximo

—

Ninguém pode impedir o sol de nascer quando ele quer.

Como anda seu entusiasmo?

Com essa pergunta eu começo este capítulo, porque, depois de estudar obsessivamente os grandes líderes do mundo, o que notei foi que todos eles eram entusiasmados: tinham uma força dentro de si e falavam com paixão. Isso por si só os fazia criar ao redor de si uma aura poderosa que iluminava e irradiava força para as pessoas, transformando o ambiente.

Sempre me disseram que falo as coisas com entusiasmo, que sou muito intenso nas palavras, e por algum tempo eu pensava se isso poderia ser ensinado. Até que um dia, num restaurante, minha esposa disse:

– Você sempre pede os melhores pratos...

Olhei para o prato dela, e parecia delicioso. Porém, a maneira como eu tinha descrito o sabor da minha refeição a fez achar que o sabor do meu prato era infinitamente melhor. Então pedi que ela descrevesse seu prato. Ela fez uma descrição e eu pedi novamente: "Me convença de que o seu prato é bom. Me convença a trocar de prato com você". E foi aí que ela começou a descrever a textura, o sabor, a forma, a cor, e eu fiquei apaixonado pelo prato dela a ponto de querer experimentar.

Isso é colocar intensidade nas coisas. É colocar a sua percepção em tudo. Observar e intensificar a experiência para trazer cor, para trazer vida, para trazer energia. Quando subo no palco, potencializo ao máximo a minha energia. Faço o possível para que ela seja contagiante e que as pessoas consigam se energizar a ponto de saírem fortalecidas dali.

Brilho nos olhos e energia são aparentemente intransferíveis. Ou você tem ou não tem. Mas pense bem: como você fica quando está apaixonado? Quando está fazendo algo com muita vontade? Pois então: é esse brilho nos olhos e energia que fazem a diferença em tudo.

Exercitar isso e colocar vida em todas as coisas que faz é uma maneira de criar um vício em ser maior do que se é. Você pode começar a fazer isso hoje.

Em primeiro lugar, comece a enaltecer as qualidades das pessoas: isso é muito poderoso. Você faz tudo crescer, tudo potencializar, e essa força é poderosa.

É possível treinar o entusiasmo. Você pode expandir sua percepção, observar sabores, texturas, detalhes, aromas. Você vai salivar pela vida. E é um pouco do que o Tony Robbins falava sobre ser faminto pela vida. Para vibrar entusiasmo e ter brilho nos olhos, você precisa estar apaixonado pela vida, precisa se empenhar em ver o lado bom de tudo, o lado colorido.

A primeira coisa para mudar sua energia é a percepção em si. Observe seu corpo. Levante-se e pule algumas vezes. A sua fisiologia muda quando você se movimenta, e o movimento faz a sua energia circular livremente pelo corpo. Não é à toa que quando nos exercitamos temos mais entusiasmo, força de vontade e vida. É preciso se movimentar. O desânimo é filho da inércia. Da mesma forma, quanto menos nos movimentamos, menos movimentamos nossa energia.

No fundo, todo mundo sabe o que é sua energia no 10 e sua energia no 6. E, para elevar a energia, você precisa se empenhar.

Todos temos níveis diferentes de energia. Temos clareza quanto a isso. Nossa energia varia. Mas, do mesmo jeito que conseguimos subir, podemos deixá-la cair: se focamos algo ruim, é fácil, fácil se enterrar. É aprender a controlar o foco: no bom e no ruim, para não viver uma oscilação de emoções ou uma montanha-russa que o deixe desequilibrado o tempo todo.

Nada é tão bom que muda sua energia em um minuto, e nada é tão ruim que a derruba no mesmo instante. É a forma como reagimos. Concentre-se no que é preciso. Declare para onde quer direcionar a sua energia. Comece a exercitar isso: observe disciplinadamente para onde quer direcionar sua mente, sua energia, e concentre-se em ser alguém que ilumina e não que apaga a luz dos outros.

Observe tudo o que faz sua energia mudar. Ajuste seu foco, tire o lixo da cabeça. Inspire-se em quem você admira e decida como você quer ser. Se não tem muita energia, tente entender quem é do jeito que você acha legal. Observe a pessoa e a tenha como referência.

Por exemplo: se você diz que vai correr 100 metros, pode dar tudo de si, mas, se eu o fizer assistir a um vídeo do Usain Bolt, e se você se imaginar correndo ao lado dele entusiasmado num estádio olímpico, fazendo aquela pose e usando toda a sua energia, quando você for correr vai dar muito mais de si.

Não estou brincando: a diferença é gigante com um pequeno exercício de mentalização e inspiração. Tudo acontece primeiro na mente e depois na vida. Imagine-se fazendo as coisas, imagine que você detém o poder de mudar a sua energia o tempo todo e perceba a si mesmo da maneira como quer ser.

Feche os olhos e faça uma meditação dizendo a si mesmo coisas positivas, trazendo energia, entusiasmo, motivando-se e criando ao redor de si uma aura poderosa de vibração. Crie momentos de alegria no seu dia a dia, dance, vibre. Faça a sua vida ser mais colorida. Isso está nas suas mãos.

Claro que, se você ouvir uma música clássica antes de um evento, vai se acalmar, e, se ouvir uma música animada, a frequência dos sons naturalmente vai elevar a sua energia. Concentre-se na sua energia e vibre em outra frequência para ficar mais entusiasmado.

A sua energia reflete o que você tem interiormente, então não dá para fingir estar alegre o tempo todo. Ela não mente. Você tem que ser primeiro e depois parecer. Então, olhe para dentro e faça a faxina mental, a faxina energética, limpe os pensamentos e crie situações que o façam sentir-se bem. Sorria para si mesmo no espelho, assista a comédias. Realize algo que sabe que vai elevar a sua energia e fazê-lo sentir como se sua alma estivesse gargalhando.

Quando estiver se sentindo assim por dentro, naturalmente você vai trazer à tona essa energia positiva. O entusiasmo é uma consequência disso. E você pode criar estratégias para se manter cada vez mais entusiasmado e alegre. Cada vez mais com brilho nos olhos. Crie paixão na sua vida, viva com mais intensidade, coloque emoção no seu dia a dia para se sentir bem consigo mesmo, para se sentir energizado.

As pessoas desperdiçam muito tempo levando a vida a sério demais e preocupando-se com as coisas. Esteja consciente de que pode ter senso de humor, encontrar mais alegria em sua vida, eliminar as queixas sem motivo. O estado de felicidade exige treinamento constante. Você é quem muda o seu estado de espírito, e seu estado de espírito muda a sua vida. Identifique o que o afasta da felicidade e o que faz você ficar mais feliz e energizado. E encontre maneiras de energizar a si mesmo para que o brilho nos olhos seja a sua luz interior sendo refletida para o mundo.

Não desperdice energia, nem crie problemas para si mesmo. A sua energia pode ser controlada pelos seus pensamentos:

direcione-a para que você possa fortalecer a sua fé, sua esperança, e incentive a si mesmo quando ninguém mais o fizer.

É preciso entender que estamos vivendo num mundo onde a maioria das pessoas permanece com a energia baixa, ou sem energia. *E, se você não deixa seu celular descarregar por nada, por que fica andando o tempo todo sem energia? Por que deixa seu corpo sem energia? Sua mente, sua alma? Por que não se abastecer agora? Por que não criar ao redor de você uma aura propiciadora de acontecimentos positivos que o tornará blindado e indestrutível? Por que sofrer tanto por coisas que você mesmo cria em sua mente?*

Fortaleça-se internamente e será um gigante indestrutível. Será a pessoa que conspira a favor do bem, que cria acontecimentos positivos, que constrói um futuro cheio de energia, de alegria, de esperança. Seja o porta-voz e mensageiro do bem, da paz. O entusiasta da boa-nova. Pare de ser o porta-voz das desgraças. Seja a favor da vida alegre. Por mais que seja difícil – porque lá fora as notícias não colaboram para que sejamos positivos –, temos que criar em nosso interior o mundo que queremos viver e depois construí-lo do lado de fora.

Sobre o que você tem controle? Concentre-se nas coisas sobre as quais tem controle e comece a controlar ainda hoje a sua energia. Tenha em mente que ela pode ser um disparador de luz e paz para o mundo, que ela pode ser vida em abundância, que pode fazer você ser a pilha que recarrega todos ao seu redor. Quanto mais você crescer internamente, mais terá o poder de ajudar as pessoas que estão ao seu redor a crescer também. Mais terá o poder de levantar multidões e de fazer os sonâmbulos despertarem do sono profundo.

Deixe de ser um zumbi e comece a andar, a correr, a criar espaço, a fazer diferente, a se movimentar em direção aos seus sonhos e à vida que deseja para você. Tudo depende da sua mente, da sua energia, dos seus pensamentos, ações e hábitos. Tudo. Controle isso e terá a vida que quiser nas mãos.

Seja livre. Tenha energia e voe para onde quiser. Essa é a ordem do dia.

Recapitulando...

Princípios para aumentar a energia e obter novas ideias

» Onde está seu foco está sua energia
Temos que estar atentos aos lugares onde estamos colocando nossa atenção/foco, pois isso determinará nosso nível de energia. Se eu vir apenas desgraças, vou ficar triste, irritado, nervoso, angustiado. Porém se, ao contrário, eu vir o lado positivo das coisas, meus sonhos, as pessoas que amo, os lugares de que gosto, paz, vou me sentir bem, empolgado, alegre, feliz.

» Conheça o seu corpo
Se quisermos encontrar saídas e ser fortes em meio às tempestades, precisamos expandir a nossa percepção sobre nós mesmos. Muitas vezes nosso corpo nos dá sinais de como estamos. Conhecer esses sinais, entender nosso corpo, aprender a alterar nosso estado interno sempre que quisermos, é fundamental. A nossa fisiologia é o maior termômetro para sabermos como estamos. Atenção a ela.

» Coloque o filtro da bondade
Precisamos colocar os óculos que nos permitem ver o positivo nas pessoas, na vida e nas coisas. Devemos começar a encarar as circunstâncias com outros olhos, com mais pureza e bondade.

A essência do brilho nos olhos e da energia

Focar o positivo nem sempre é fácil, mas é tudo. Por isso, quanto antes você entender que o poder de criar estratégias para ser mais forte está dentro de você, melhor.

Positividade e entusiasmo são contagiantes. Napoleon Hill sempre dizia: "O entusiasmo é a maior força da alma. Conserve-o e nunca lhe faltará poder para conseguir o que deseja".

Mantenha o rosto virado para o sol e você nunca verá uma sombra.

Dica prática
para aumentar sua energia

A dica prática deste capítulo é, na verdade, um desafio.

De 0 a 10: qual é o seu nível de energia agora?

Seja sincero e anote esse número.

Depois, faça 30 polichinelos. A cada 10, você vai dar um grito com toda a sua força, do fundo da alma (pode ser "aarrghh", "vaaaaai" etc.), o mais alto que puder.

Assim que der o último grito, responda: *De 0 a 10, qual é o seu nível de energia agora?*

Se for maior que antes dos polichinelos, parabéns! Você aprendeu de forma simples e prática a controlar sua energia e entusiasmo! E é assim para tudo. Eleve a sua energia sempre que for fazer algo importante.

Seja espiritualmente livre
Todas as pessoas têm um vazio no coração
exatamente deste tamanho

—

Calma. Você é parte de Deus.

Você deve se lembrar de como comecei este livro. Eu estava querendo despertá-lo para a vida, querendo trazê-lo para o dia de hoje, para o milagre da existência, para que você não desistisse de seus sonhos em nenhum momento. Para que vivesse com a máxima intensidade todos os dias. E a maneira que encontrei de fazer isso foi contando um pouco sobre a história da minha mãe.

A morte prematura dela me fez entender que somos meros passageiros nessa jornada. Compreendi que, embora tenhamos milhares de preocupações no dia a dia, muitos deveres, decisões extremamente difíceis, boletos para pagar, enquanto estamos presos às amarras da responsabilidade, a vida se torna pesada demais, quase um fardo.

Quem consegue voar quando está com âncoras nos pés?

É assim que muitos de nós vivem toda a vida. Em vez de apreciar o milagre da existência, entender que somos parte de um todo, criar condições para a felicidade, para as oportunidades, agradecer pelo menos o fato de estar vivo, fazemos o contrário: acumulamos problemas, vivemos nos escorando em medos sem fundamento e ativamos o modo de sobrevivência.

Eu também já fui esse cara que estava tão fincado no plano material que não conseguia enxergar um palmo acima do nariz – e olha que tenho um metro e noventa e três de altura! Isso aconteceu quando detectei todas as responsabilidades que faziam parte da minha vida e comecei a me agarrar a todas elas como se fossem me manter de pé.

Sabe aquela vida que vivemos no automático? Preocupações, contas, busca de soluções, insatisfação crônica, prazeres momentâneos para suprir a carência – elas seguem num looping infinito, envolvendo-nos numa espiral, e não sabemos mais como colocar o pé para fora disso. Pois é: já fiz parte desse time. Eu era a pessoa do dinheiro, do resultado. E via responsabilidade nisso. Via coragem. Via que era a maneira pela qual estava seguindo minha vida como o adulto que deveria ser. Não tinha com quem contar, as contas precisavam fechar e eu só conseguia enxergar esse modo de viver.

Só que eu estava incompleto.

Tinha um vazio dentro de mim que, não importava o que eu fizesse, continuava ali.

Muitas pessoas, nessa época, me convidavam para atividades que as conectavam com algo divino, algo superior. Algumas delas eram tementes a Deus, outras frequentavam lugares que as faziam sentir-se bem espiritualmente. Mas, no fundo, no fundo, o chip que me conectava a tudo isso estava desligado. Eu só conseguia enxergar o que via. Só conseguia perceber aquilo que podia tocar.

Hoje, quando olho para trás, consigo perceber a trajetória que me fez dar início ao meu processo de busca e de me encontrar espiritualmente. Ainda estou no comecinho dessa jornada, contudo já percebo que me conectar com outras pessoas por um bem maior me faz muito bem... Consigo entender o porquê de provocar etc.

No entanto, quando estamos dentro do redemoinho que nos consome, não conseguimos enxergar nada além do que nos prende na Terra.

Mas faça o seguinte exercício: *se fosse deixar esta vida em alguns meses, você teria a mesma vida a partir de agora? De que maneira viveria?*

Faço essa pergunta ao mesmo tempo que carrego minha primeira filha no colo. No dia em que a Clara nasceu, eu efetivamente percebi que a vida não explodiu do nada na Terra.

Não somos fruto do acaso.

Quando nossos olhares se cruzaram pela primeira vez, senti algo parecido com um encontro divino. Ela não era apenas um corpo com um coração que bombeava sangue. Ela não era apenas matéria. Ela tinha algo no olhar. Nós nos reconhecemos instantaneamente, e a emoção que surgiu a partir dali foi tamanha que eu quase pude ver aquilo que chamamos de Deus. Eu estava inundado de gratidão, exalava amor por todos os poros e podia perceber naturalmente que não só ela como toda criança carregam uma força espiritual muito grande no momento do nascimento.

Nascemos cheios de vida. E você já foi criança, deve se lembrar de como era repleto de potencial quando pequeno. Sua vida era colorida.

Crescemos e vamos deixando essa vida toda lá na infância. A vida adulta por si só já joga um caminhão de areia em cima dos nossos sonhos, e acreditamos que ser adulto é sinônimo de não sonhar, de trabalhar para ter coisas, de se sustentar. Nós nos desconectamos dessa força que nos fez existir e nos tornamos poeira cósmica, que é levada daqui para lá com o movimento do Universo.

Até que, no fim da vida, despertamos. Olhamos para trás e percebemos que desperdiçamos tempo, energia e saúde com coisas que não mereciam um milésimo de nossa atenção. Não crescemos espiritualmente, não evoluímos como seres humanos. Apenas nascemos, crescemos, pagamos contas e morremos.

Responda sinceramente: *é para isso que você acha que nascemos? Para cumprir um programa de crescer, ter filhos, pagar contas, comprar casa e morrer?*

Eu acredito que não. E, consciente disso, além de dia após dia manter a consciência de que preciso me aprimorar, sei da minha responsabilidade em fazer as pessoas enxergarem isso. Vejo que temos o potencial de acender essa luz dentro de nós e de despertar quem está ao nosso redor.

Ser espiritualmente livre é entender que podemos ligar dentro de nós o interruptor da luz que impulsiona a força que tanto buscamos do lado de fora. É entender que essa conexão começa com uma faísca pequena, que vamos alimentando dia após dia, até se tornar uma chama. E o fato é que passamos a vida toda achando que Deus vai dar um sinal, que vai descer na Terra e nos provar que existe, que algo maior precisa se mostrar para acreditarmos que há uma força infinita, e sequer enxergamos todos os milagres que estão disponíveis para nós na natureza.

O nascimento de uma criança é um verdadeiro milagre. O fato de nascermos com força, autonomia, características próprias – e um olhar único e penetrante –, diferentes de todos os outros, prova que não somos apenas animais racionais.

Somos seres espirituais que vieram cumprir um propósito.

A questão que percebo é que só conseguimos estar livres para enxergar isso quando nos desprendemos de todas as outras coisas. Quando temos liberdade financeira e não nos apegamos ao que precisamos comprar ou fazer. Quando temos liberdade mental e não estamos presos a padrões de comportamento. Quando somos livres para pensar e falar aquilo que pensamos. Essas liberdades promovem o desprendimento: de opiniões, de amarras, de verdades preestabelecidas.

Ficamos mais leves e livres. Sem as preocupações que nos aprisionam, conseguimos transcender.

Não sei se você já se deu esse presente, mas, quando observamos o que a Terra tem de bom, nos conectamos com a natureza, com o ar puro, curtimos e aproveitamos momentos que ficam marcados na alma, começamos a entender as coisas que importam de verdade. Percebemos que os momentos com a família, aquele entardecer especial, os pássaros cantando, a natureza falando através do sorriso de um recém-nascido, são coisas que dinheiro nenhum pode comprar e que nos elevam.

Dessas pequenas coisas nasce um novo ser. Vamos progredindo, nos elevando, começamos a nutrir sentimentos mais harmoniosos, aumentamos nossa capacidade de viver melhor e de conquistar nossas metas e sonhos. E sempre que ficamos paralisados, a vida nos sacode para que tenhamos consciência, para que possamos renascer, mudando nossa vibração, nosso teor energético.

É difícil ser espiritualmente livre quando estamos presos a mágoas, tristezas, melindres, orgulho e sofrimento. A dor que nos faz ficar presos a esses sentimentos é tão pesada que tudo parece distante.

Para deixar isso para trás, é preciso ressignificar. Transmutar aquilo que nos machucou e seguir adiante. Precisamos nos libertar do ressentimento por algo que não faz bem.

Mas é a partir de cada um de nós que podemos subir a escala dos sentimentos. E isso não se faz quando estamos mergulhados na vida material, carregando o peso da responsabilidade. Crescer e se libertar disso envolve uma espécie de fé na vida que não se ensina, se sente.

Conforme vamos vencendo a nós mesmos, esses obstáculos internos desaparecem e começa a aflorar dentro de cada um de nós um ser melhor, pleno de potencial e livre. É aí que enfim nos libertamos espiritualmente.

Enquanto uns se perdem no desespero ou ficam levando a vida como um fardo pesado, todos nós somos convidados a evoluir, a crescer por meio de aprendizados, experimentando novos desafios. E as respostas que estão fora de nós dificilmente respondem aos anseios de nossa alma. É preciso olhar para dentro para encontrar aquilo pelo que nosso coração efetivamente pulsa. É só assim que encontramos uma força.

Quando estamos conscientes do nosso papel aqui, entendemos que precisamos marcar a alma com coisas que importam de verdade. Passamos a experimentar a existência de outra forma, sem passar pela vida apenas. Começamos a buscar experiências que efetivamente agreguem a nossas vidas e lutamos com todas as forças para preservar nossa energia e impactar os outros. Lutamos, sobretudo porque sabemos que só conseguimos despertar essa chama no outro quando estamos bem com nós mesmos.

Ninguém acende uma tocha sem ter combustível para isso.

A verdadeira liberdade é sempre a liberdade espiritual. Ela tem algo que não pode ser preso, algemado, porque se refere a algo íntimo, que está dentro de você.

Certa vez li uma frase do filósofo Osho que diz bem sobre quem somos: "Parece que todo o passado da humanidade tem sido aperfeiçoar o modo de fazer correntes melhores, mas, mesmo que uma corrente seja feita de ouro, ela ainda é uma corrente". Osho falava muito sobre a liberdade. Ele dizia que o ser humano está tão preso a ideias preconcebidas sobre Deus que nem sobre sua própria vida consegue assumir a responsabilidade. Quando uma infelicidade surge, é mais fácil dizer "Deus quis assim". E, no fundo, liberdade não significa não ter responsabilidade;

liberdade é justamente o contrário: é ser livre para decidir todo o seu destino.

Só que muitos não estão prontos para essa responsabilidade de viver conforme suas próprias regras.

Minhas regras, que eu posso até mudar conforme o tempo vai passando, seguem o que eu considero importante. E ninguém mais.

Vivo minha vida sem pressa, sonho com o dia em que poderei morar num lugar onde o céu seja tão limpo que possamos ver as estrelas, e ao acordar de manhã sempre percebo que cabe a mim praticar a espiritualidade no dia a dia. Não é quando vou a um lugar que me conecto. Eu me conecto ao tomar café da manhã, quando consigo expandir meus horizontes, quando respiro ar puro e percebo o milagre que são as estações do ano fazendo seu papel.

Quando nos damos conta de todo o milagre que está ao nosso redor, gritando para ser visto, mostrando o tempo todo que a vida por si só é um milagre, tudo fica menor. O medo de não ter grana, a preocupação que fica ali perturbando e nos bloqueando... tudo isso é como se entupisse os sentidos e não nos permitisse enxergar tudo.

Eu sei que você pode estar dizendo "Ah, é fácil dizer isso tendo a vida ganha". Sim, também acho. Lutei muito para conquistar a liberdade financeira da qual tanto falo. Mas, quando isso aconteceu, sem esse peso da preocupação e da responsabilidade, veio a virada e eu passei a perceber um novo horizonte.

Quando estamos dentro do redemoinho, não conseguimos sequer abrir o olho. No entanto, ao sair do campo da necessidade, começamos a ter mais clareza de quem somos. Nós nos tornamos mais seguros, colocamos nossos sonhos em primeiro lugar e paramos de querer agradar todo mundo.

É aí que sentimos que algo mais forte nos chama. E começamos uma busca espiritual.

No momento em que escrevo este livro, justo quando minha filha me faz perceber quanto amor somos capazes de sentir, entendo que certas emoções criam ao redor de nós uma energia que nos conecta com algo divino. O amor é como uma ponte que faz uma transformação naqueles sentimentos que ficam ali nos paralisando. É esse amor que nos faz crescer como seres humanos e entender que precisamos fazer algo pelo próximo. É esse amor que moveu caras como Jesus, que tinha algo tão forte dentro de si que por onde andava espalhava aquilo por meio de suas palavras e gestos.

Imagine que, 2 mil anos depois de sua passagem por aqui, Jesus ainda é referência. Quando estive em Jerusalém, visitando os lugares por onde ele passou, entendi, de fato, o que era essa energia. Senti algo tão forte que me emocionei. Não sabia se aquilo era pelo fato de tanta gente passar por lá para orar, mas a verdade é que aquela energia de fé no divino se retroalimenta com visitantes de todos os lugares do mundo.

Eu queria ficar apenas três dias, mas não consegui ir embora. Ficava vagando pelos lugares, sentindo algo inexplicável dentro de mim e me perguntando: Como uma pessoa consegue ter uma presença tão forte que a vida no Ocidente e na maior parte do mundo se divide em antes e depois de seu nascimento?

Jesus foi um cara que não se distanciou nem por um mísero segundo de sua missão na Terra. Ele praticava todos os dias o amor, alertava que éramos capazes de construir e fomentar isso dentro de nós e trazia ensinamentos complexos de maneira tão simples que incendiava corações e transformava as pessoas com sua maneira de ser e agir.

O que eu quero, a partir de hoje, é que você entenda que talvez não sejamos nem 1% do que Jesus foi, mas podemos praticar e ser cada dia melhores, tentar efetivamente tocar as vidas por onde passamos. Podemos falar sobre coisas mais complexas e profundas, despertar as pessoas da inércia, do medo, de todas as amarras que as fazem sofrer.

Quando isso acontece, começamos a entender que somos nós que criamos nossas próprias mazelas, que somos os únicos responsáveis pelas circunstâncias boas e ruins em nossa vida. E é aí que essa jornada se torna fluida. Como se estivéssemos navegando num rio sem muito esforço. Essa jornada vira um prazer. Percebemos que é o contrário de estar no controle de tudo e que, no fim das contas, o controle não existe.

Então percebemos que, quando fazemos o melhor pela nossa evolução, fazemos não somente por nós e por todos aqueles que nos cercam. Simplesmente entendemos que a responsabilidade maior é manter essa elevação espiritual para poder conduzir as pessoas que estão ao nosso redor, de forma que elas também possam despertar o seu poder interior.

Recapitulando...

Segredos para expandir a sua consciência

» Desenvolva sua espiritualidade
Não somos fruto do acaso. Você pode até acreditar no Big Bang ou no darwinismo, assim como eu já acreditei um dia, que tudo explodiu e viemos parar aqui, mas, quando observamos bem a perfeição da natureza, a dinâmica cósmica dos planetas e a obra-prima do design biológico que é o corpo humano, é evidente que fomos criados com um propósito. Estabelecer uma conexão com quem criou tudo isso é desenvolver a sua espiritualidade.

» Ressignifique suas memórias negativas
No fundo, devemos encarar as mágoas com os olhos daqueles que nos magoaram. Por pior que possa parecer, sempre existe uma intenção positiva por trás de tudo. Temos que encontrá-la. Se fizermos isso, vamos perceber que o mal não está em nós, e que, de fato, essas pessoas precisam de ajuda.

» Quebrando as correntes espirituais
Quando de fato entendermos que absolutamente tudo o que acontece ao nosso redor nos influencia e que o efeito disso (positivo ou negativo) depende apenas da nossa mente, enfim seremos livres.

A essência de ser espiritualmente livre

Liberdade espiritual é poder se conectar com a nossa essência, criar os milagres em nossa vida e decidir em que acreditar.

Você é livre espiritualmente quando entende que pode ser melhor a cada dia, quando está tão repleto de coisas boas, de amor, que transborda e impacta a vida de alguém com esse sentimento.

É adotando essa postura que entendemos o poder que temos de influenciar, de contagiar e de mudar vidas por meio da nossa elevação espiritual.

Todos os seres vivos têm espiritualidade, e estamos todos conectados por ela. Religiões existem muitas, mas espiritualidade é só uma. Cada um deve encontrar a sua.

Dica prática
para trabalhar a sua espiritualidade

A melhor forma de testar a espiritualidade é transbordar o que você tem de bom para quem mais precisa.

Por isso, se quiser exercitar essa prática de verdade, encontre alguém que esteja precisando muito de alguma coisa que você tenha sobrando (carinho, comida, roupa, amor, atenção, cuidado etc.) e invista no mínimo uma hora do seu dia entregando isso a ela.

Fique atento às reações da pessoa e sinta a gratidão do momento. Perceba como você reage e o que sente.

Depois, defina em uma frase que sentimento foi esse e o quanto foi bom.

Começou a conexão.

Aquilo que se busca alcançar: o tal do propósito
Se não faz você sentir, não faz sentido

O que faz seu coração bater mais forte?

Várias vezes ao longo da minha carreira fiz este questionamento para as pessoas que estavam diante de mim:

– Cara, por que você decidiu fazer parte da minha equipe para desenvolver líderes e começar o nosso negócio?

E a resposta era sempre a mesma:

– Por que isso está alinhado ao meu propósito.

Nessas horas eu perguntava, olhando bem nos olhos da pessoa:

– E qual é seu propósito?

E a pessoa respondia:

– Ajudar os outros.

E eu via o sujeito quebrado, lascado, sem grana. Querendo ajudar os outros...

– Isso não está me parecendo muito real – eu questionava. – Você já fazia algo pelas pessoas? Trabalhava com alguma ONG?

E então a pessoa expunha seus problemas:

– Não, na verdade eu estava ferrado, sem dinheiro...

Era quando eu interrompia:

– Vamos ser honestos? Você não entrou aqui para ajudar as pessoas. Você entrou aqui para ganhar dinheiro, se desenvolver como líder e mudar de vida. Vamos trabalhar nisso? Depois que ganhar, você vai resolver o seu problema e aí pode ajudar os outros, ok? Vamos combinar que você não pode ajudar ninguém antes de ajudar a si mesmo?

Existe um certo pudor em falar que estamos fazendo algo porque precisamos da grana, e ao mesmo tempo é legal falar que estamos atrás do nosso propósito. Muita gente não tem clareza do que faz seu coração bater e sai falando que está fazendo as coisas por ter um propósito.

Eu vejo que a galera procura bastante o propósito da frase no Instagram. E isso frustra demais as pessoas.

Propósito é algo que a gente faria mesmo que não ganhasse dinheiro para fazer. Tem gente que faz algo por prazer mas não sabe ganhar dinheiro com o propósito; e tem gente que age só pela grana e fala que é por propósito.

A real é que não está errado ganhar dinheiro com seu propósito, mas sejamos honestos e saibamos separar as coisas: *o que faz seu coração bater de verdade e o que faz ganhar dinheiro estão alinhados? Você gosta do que faz a ponto de fazer de graça?*

Hoje eu ganho muito dinheiro e tenho prestígio, mas sempre gostei de fazer o que faço. Às vezes a gente sabe que tem alguns talentos, que gosta de algumas coisas, mas o que me dava prazer era ver que aquilo impactava demais as pessoas. Ao receber a gratidão delas, eu sentia meu coração bater. Era um calor no peito que me dizia que eu estava no caminho certo.

Quando você não está cumprindo o que faz seu coração bater, tudo fica mais pesado. Esfria. Quando você está realizado na sua plenitude, entra num estado de conexão diferente.

Às vezes a pessoa não sabe para onde ir e não sabe o que quer. E a conta nem sempre fecha: *será que fazer o que gosta dá dinheiro? Será possível ser feliz e ganhar dinheiro com propósito?*

No começo da minha carreira, eu sabia das coisas que gostava de fazer. Eu sabia que um dia seria professor. Mas achava que seria professor na minha área, que ia ensinar economia ou educação financeira. Via as aulas na faculdade com tesão, sabendo que era legal ensinar, transmitir conhecimento. Admirava demais quando os docentes expunham o que sabiam.

Só que eu fui para o mercado financeiro. Via planilhas, gráficos e aquilo não tinha nada a ver com o que meu coração gostava. Era por grana. Eu estava totalmente fora do meu propósito. Gostava de ensinar, de gente. E quando vi o marketing de relacionamento achei interessante. Era treinamento, gente, pessoas, dinheiro. Dava para vender, inspirar, fazer reuniões, fazer palestras, e eu adorava tudo isso.

Eu vendia, falava em público, e comecei a experimentar um gostinho em fazer aquele trabalho e ainda colher os frutos. As palestras, de modo geral, eram sobre negócios, mas o foco era em empreendedorismo, era para que as pessoas saíssem do piloto automático, voltassem a sonhar. Elas faziam o público entender mais sobre desenvolvimento pessoal.

O público ia às reuniões e eu podia compartilhar o que sabia não só como administrador, mas o que tinha aprendido com a minha vida, meus sonhos, minha paixão. Eu chegava tocando o coração das pessoas. Comecei a dar foco nisso e passei a atrair interessados nesse desenvolvimento pessoal. Comecei a atrair indivíduos realmente engajados em fazer o negócio acontecer e não simplesmente em vender produtos. Eu queria engajar todo mundo no mesmo propósito e fazer todo mundo entender que, quando se está comprometido com a liberdade financeira, a renda residual, dá para realizar sonhos, seguir uma vida com mais liberdade em todas as áreas.

Pode ser que você comece algo pela grana e, depois que tiver resolvido sua vida financeira, encontre seu propósito, mas seja honesto consigo mesmo e entenda que você tem a liberdade de ter ambição por crescer. Ao longo desse caminho, poderá encontrar algo que lhe dê dinheiro.

Conheço pessoas que estão superengajadas em causas e vivem desprezando aqueles que têm bons resultados financeiros, mas esses indivíduos não atentam ao fato de que poderiam ajudar muito mais dentro das causas de que participam se estivessem financeiramente livres. Ou seja: o cara se envolve com uma bandeira, mas precisa de dinheiro para conseguir conquistar objetivos dentro da causa que abraçou.

Você pode ter a liberdade e independência financeiras, e elas podem fazê-lo seguir seu propósito sem qualquer conflito de interesse. O que eu quero dizer é que conheço pessoas que são bilionárias e cumprem seus propósitos fazendo bem mais por determinadas causas do que aqueles que se julgam superiores por desprezar a necessidade de dinheiro. As duas coisas podem andar de mãos dadas.

Repito aqui a pergunta: *se dinheiro não fosse problema, o que você faria?*

Sabendo o que move seu coração se grana não é problema, fica mais fácil.

Não adianta buscar o propósito mais bonito do mundo e mais nobre para postar no Instagram. O que importa é saber o que faz a sua alma vibrar de verdade.

O que você gosta de fazer, sinceramente?

O propósito geralmente tem a ver com transcender e transbordar. E, quando você sai dessa pressão por encontrar o propósito, as coisas ficam mais simples. Vejo por mim. Eu sabia quais coisas faria se grana não fosse problema para mim, e sempre tive o desejo de experimentar. Mesmo sem saber qual era o propósito, achei o marketing de relacionamento. Ou ele me achou, talvez.

E aí vem uma coisa interessante: eu tinha a mente tão livre que me permiti fazer uma coisa que muita gente tem preconceito.

Quando estava expandindo a minha rede, fui fazer uma palestra em Marabá, perto de Serra Pelada. Peguei algumas horas de voo e depois doze horas de ônibus para chegar a um lugar onde, no restaurante, as pessoas estavam armadas com facão e revólver.

Lá eu fiz uma palestra e conheci gente que havia percorrido 900 km para chegar. Pessoas que não conseguiram ônibus para ir até o destino e pegaram carona em carro funerário, ao lado do caixão.

Você consegue entender a responsabilidade de entrar no palco para falar com pessoas que depositaram suas expectativas de vida para estar ali e conversar comigo? Consegue entender como me senti pleno quando conversei com cada um daqueles indivíduos que começaram a mudar suas vidas a partir de palestras que eu dava? Você consegue sentir a emoção que eu sentia quando eles levavam os filhos para que eu conhecesse ou quando mudavam de vida e me mostravam as fotos com as realizações? Quando conseguiam fazer um implante dentário, adquirir um convênio médico, uma casa nova, um carro, uma escola para o filho? Uma dessas pessoas era uma menina de 18 anos que se tornou líder de vendas na região. Sem escolaridade, ela faturava cerca de 8 mil reais por mês vendendo os produtos e dizia que devia a mim aquele sucesso.

Isso não tem preço.

Eu não precisava ir a Marabá, Telemaco Borba, Cochamba, Cuenca, ou a qualquer outra das mais de 500 cidades que visitei nos últimos dez anos. Na primeira, na segunda, na terceira vez. Não era uma viagem de prestígio. Era uma responsabilidade relacionada às famílias às quais eu comecei a me conectar naquelas regiões. Era perceber que eles estavam mudando tanto e, direta ou indiretamente, o meu trabalho estava gerando tanta transformação que aquilo me preenchia. Dinheiro nenhum pagava aquela sensação.

Isso é propósito.

E é quando as coisas começam a florescer. A vida entra num estado de abundância, e isso não é mais demagogia. Não é papo. Vira um ciclo virtuoso, prosperidade. Gera uma energia em torno daquelas ações de tal forma que tudo prospera. As coisas simplesmente acontecem. Esse ciclo se fecha porque você está com o coração tão alinhado com o que gosta que entra num estado de retroalimentação, vai ganhando força. Sorte de quem consegue achar isso cedo.

Quando comecei a visitar outros países da América Latina para expandir os negócios, já estava financeiramente bem e só ia plantar algumas sementes em cidades pequenas do Peru. Cidades sem esgoto, que ficavam a 3 mil metros de altitude. Para você ter uma ideia, caí no meio da palestra da primeira vez que me apresentei por não conseguir respirar bem naquela altitude.

Eu costumava viajar oito horas de ônibus depois de ter encarado cinco horas de avião por desfiladeiros e me perguntava: "O que estou fazendo aqui?". E é nessas horas que a gente entende. O que eu estava fazendo ali? Cumprindo a minha missão. E isso é o legal de estar no seu propósito, porque você não encara como algo ruim, "eu tenho que fazer isso". Você só pensa em como resolver, em fazer, em executar, e se concentra na parte boa da jornada. E isso me trouxe muito da coisa do propósito.

Quando estamos em nosso propósito, isso é automático. Resolvemos, deixamos o propósito acima de tudo.

O coração bate forte, a gente sente o porquê de estar ali. E sabe que iria de qualquer jeito.

Recapitulando...

As oportunidades para descobrir e caminhar em direção ao seu propósito

» Defina seu propósito

O propósito não é algo divino, como muitos dizem. O propósito com um olhar mais terreno seria:

$$\frac{\text{Do que gostamos} + \text{nossa vocação} + \text{como ser bem remunerados por isso} + \text{missão}}{\text{propósito.}}$$

Cada elemento da equação deve estar em perfeita sintonia um com o outro para que estejamos lado a lado com o nosso propósito.

» Mantenha seu propósito vivo

A perda da noção de nosso propósito é a origem da maioria das frustrações e tristezas. Quando temos convicção do nosso propósito e o vivemos, nossa mente fica repleta de prazer.

» A essência do propósito

Muita gente acha que sabe qual é o propósito de sua vida, mas, na realidade, não é o que acontece. Seu propósito não está em uma frase do Instagram, em um post do Facebook ou na vida de outra pessoa. Ele está dentro de você mesmo, esperando apenas que você desperte para ele. Quanto mais caminhar em direção a ele, mais perto de sua liberdade você estará.

É preciso alinhar aquilo de que você gosta de verdade com aquilo que faz ganhar dinheiro. *Mas você sabe o que de fato é o propósito?* Propósito é fazer aquilo que somente você pode fazer, é colocar a sua essência no mundo, deixando a sua marca pessoal, e ser recompensado por tudo isso.

Dica prática
para encontrar o seu próposito

Comece a observar tudo que você faz.
» O que você ama fazer?
» O que você tem facilidade em fazer?
» Quais as qualidades que você gostaria de expressar para o mundo?

Cruze todas essas informações e, junto com os outros exercícios que você fez até aqui, responda: *qual é o seu propósito?*
Se se sentir à vontade, me conte, por meio das minhas redes sociais, qual é esse propósito. Vou ficar muito feliz se você dividir isso comigo.

@lucasbattistoni / www.lucasbattistoni.com

Liberdade plena

Libertei muitos prisioneiros, só não libertei mais pois não sabiam que estavam presos

LIBERTE-SE.

Eu me lembro de que, ainda pequeno, assistindo ao filme *Forrest Gump*, fiquei fascinado quando o personagem de Tom Hanks começa a correr e as pessoas passam a segui-lo. Em determinado momento, mesmo sem dizer nada, ele tem uma multidão atrás de si. Uns dizem que ele é o Messias, outros que é um ativista, e cada um cria seu motivo para segui-lo.

Só que um dia, depois de alguns anos, ele para de correr, olha para todas aquelas pessoas que ficam ali perguntando o que vão fazer daquele momento em diante e diz "Não sei. A vida é de vocês. Eu vou parar de correr".

Liberdade *plena* é mais ou menos isso. Ter clareza total de quem é e do que se quer e ser firme nisso. É ter a liberdade de fazer o que se quer, mesmo quando todo mundo continua esperando que você decida por eles. É saber que cada um decide por si próprio o que quer fazer e para onde quer ir. Mesmo com a pressão externa ou as expectativas criadas, somos responsáveis por todas as nossas ações.

Você pode até achar que as pessoas e as situações são responsáveis pelo seu dia ruim. Você pode até achar que os gurus estão lhe trazendo as palavras mágicas.

E quer saber de uma coisa?

Enquanto você transfere a responsabilidade da sua vida, das suas decisões e da sua felicidade para o que quer que seja que esteja fora, não é uma pessoa livre. Está condicionado ao que vem de fora. Se a vida está boa, você está bem. Se as coisas andam mal, você fica mal. E sempre tem a quem ou ao que culpar.

A verdadeira liberdade é encontrar o culpado dentro de você. É saber que nada nem ninguém pode destruí-lo caso você tome as rédeas da sua vida, se posicionando da maneira como acredita no seu novo caminho, trilhando aquela mata fechada que dificilmente é percorrida, mas que faz quem vem lá atrás perceber que existe algo novo sendo descoberto por alguém.

O último golpe de misericórdia que eu peço que dê é o de exterminar quem estiver aprisionando você. Esse monstro interno da culpa, da raiva, da inércia, do medo, da preguiça, da timidez ou de qualquer que seja esse carcereiro que não o deixa ser livre de verdade.

Liberdade plena é crescer e conquistar todas as liberdades.

É entender que não é Deus que vai decidir o melhor. Nem seu pai, nem sua mãe. E que todos eles amam você, querem o seu bem e que você siga seu caminho da melhor maneira possível. Todos estão ali na plateia esperando que você se levante, erga a cabeça e faça a sua vida valer a pena.

Liberdade não é um valor. É um estilo de vida. Não tem uma ordem ou uma cronologia. Você vai se tornando livre à medida que vai conhecendo a pessoa que está aí dentro e se libertando de tudo aquilo que de alguma maneira não lhe faz tão bem.

Com este livro, eu quis provocar isso. Provocar você a se questionar mais, pensar mais, amar mais, respeitar mais. Enfim, a viver mais. Espero que ele me ajude a encontrar cada vez mais pessoas como você, que querem nadar contra a corrente e se libertar das prisões que nos foram impostas. Quero formar um exército de pessoas esclarecidas e livres para entrar em uma guerra ao meu lado. Guerra contra tudo o que nos aprisiona. Enquanto nós mesmos nos libertamos, lutaremos pela liberdade de todos.

Lutar pelo direito de ser livre, de nos expressar, de viver conforme nossas crenças, de assumir o controle de nossa vida, fazendo aquilo que nosso coração propõe. Liberdade é entrar no jogo com o seu regulamento interno e parar de dar bola para a torcida. Tenho certeza de que esse exército da liberdade que formaremos juntos vai transformar o mundo. Por isso é tão importante comprometer-se verdadeiramente com a decisão de ser livre e não vender de jeito nenhum, por gaiola de ouro nenhuma, a nossa liberdade.

Conto com você para ser um general desse exército. Missionários da liberdade.

Que sejamos livres.

Que saibamos escolher.

Que possamos voar e buscar novas direções.

Que possamos nos encontrar e que saibamos não julgar uns aos outros por suas escolhas.

Liberdade é um estilo de vida. Viva livre. *Free your life*.

Nos vemos nos melhores destinos do mundo!

Transformando conhecimento em resultado

Você provavelmente, assim como eu, já leu muitos livros e aplicou bem pouco os ensinamentos lidos em sua vida, mesmo aprendendo com eles. Entramos no automático no dia a dia e, mesmo sendo impactados e entendendo que precisamos fazer algo de diferente para mudar nosso resultado, falhamos. A rotina faz aquilo cair no esquecimento.

O que eu quero propor agora é que você use este livro como ferramenta para ser plenamente livre. E, para isso, quero fazer uma proposta para que você não deixe de lado as informações que assimilou e efetivamente seja transformado por este conteúdo.

Tudo isso pode ser muito novo no seu dia a dia, e eu espero que tenha seguido as sugestões de ação de cada capítulo, porque elas podem realmente fazer pequenas mudanças em sua vida. Juntas, essas pequenas mudanças se tornam uma poderosa força motora e potencializadora de resultados.

Agora, nada de engavetar isso tudo. Se algo na sua rotina estiver incomodando, volte para o livro e veja como lidar com aquele ponto que precisa ser revisto. Traga a consciência para o dia a dia. Se você não fizer disso um hábito, tudo vai cair no esquecimento, o modo automático vai guiar sua vida novamente e vai aprisioná-lo.

Por isso, saia do automático. É difícil gerar mudança a partir de motivação externa. Você precisa internalizar esses conceitos, então não deixe essas informações saírem do seu radar.

Para facilitar, quero propor que você escolha uma área da sua vida que merece mais atenção hoje e pegue uma das frases que sugeri para ler toda hora. Escreva no antebraço, no espelho, afixe um cartaz na garagem, cole um bilhete na geladeira. Coloque em algum lugar visível e leia para relembrar aquele conteúdo. Faça isso pelos próximos 21 dias.

Se quiser tornar a liberdade algo vivo em sua vida, baixe o aplicativo que está disponível e você terá alarmes diários de conduta para transformar esse conhecimento em ação.

Por fim, eu o encorajo a manifestar a sua liberdade por meio de ações que o conduzam para um estilo de vida consciente, condizente com o que você veio fazer no mundo. Se percorreu o caminho até aqui, fez os exercícios sugeridos e passou a aplicar as dicas e lições no dia a dia, certamente começou a perceber resultados extraordinários. E eu quero saber sobre todos eles. Eles também podem ajudar outras pessoas a terem uma vida livre (*free life*).

Por isso, convido você a gravar um vídeo contando um pouco sobre seus resultados, a me marcar nas redes sociais, @Lucas Battistoni, ou enviar um e-mail para suporte@lucas-battistoni.com. Vou repostar cada uma das menções e, juntos, vamos criar o maior movimento de pessoas que decidiram viver uma vida plenamente livre, os Missionários da Liberdade.

Agradecimentos

A Deus e a meus mentores, que me ajudaram a ser livre através de sua presença e de todos os seus ensinamentos.

Aos meus pais e ao meu irmão, que me deram asas para voar.

À minha esposa e filha, os meus grandes motivos e minha alegria diária.

Às vendas diretas e ao marketing de relacionamento, que permitem que qualquer pessoa com um sonho e atitude correta alcance tudo o que quiser.

À minha equipe, verdadeira razão de eu continuar trabalhando incansavelmente todos os dias.

Ao meu caro amigo Fabiano, com quem passei longas horas construindo este livro. Sem você, não teria sido possível.

Muito obrigado!

Frases para ler toda hora

PARA DESPERTAR

Sonhe como se fosse viver para sempre. Viva como se fosse morrer hoje.

PARA FORTALECER SUA VISÃO

O amanhã depende da visão que você construir hoje.

PARA TER CLAREZA

Diga quais são seus três desejos.

PARA TER AUTORRESPONSABILIDADE

Ou você faz parte da história, ou vê a história acontecer.

PARA SE JOGAR NA AÇÃO, MESMO QUE IMPERFEITA

Errar liberta.

PARA SE TORNAR AUTOCONFIANTE

Viva perigosamente.

PARA TER METAS BEM DEFINIDAS

O hábito é a semente da sua vitória.

PARA TER DISCIPLINA E AÇÃO

O que te faz agir?

PARA SER HONESTO CONSIGO MESMO

O que tem valor mas não tem preço.

PARA TER A MENTE LIVRE

Você não pode impedir um passarinho de pousar na sua cabeça, mas pode impedi-lo de fazer um ninho.

PARA LIDAR COM ADVERSIDADES

Você chegou ao fundo do poço? O bom é que de lá não passa e você pode se impulsionar no chão para pular.

PARA SE TORNAR O DONO DO JOGO

Você é o dono do jogo?

PARA TER PENSAMENTO PRÁTICO

Você está ciente dos imprevistos? Vamos torcer para o melhor, nos preparar para o pior e estar prontos para o que vier.

PARA TER LIBERDADE CAPITAL

O que eu quero de verdade?

PARA TER LIBERDADE E AUTONOMIA

Cave seu poço enquanto ainda não tem sede.

PARA FAZER O QUE QUER

Você é tão livre quanto pensa? Não se faz um omelete sem quebrar alguns ovos.

PARA SE COMUNICAR MELHOR

Quanto vale uma palavra? A responsabilidade da comunicação é de quem comunica.

PARA PARAR DE SE COMPARAR

Pare de comparar seus bastidores com o palco do outro. A comparação é inimiga da felicidade.

PARA FORTALECER O PENSAMENTO

Você é o que pensa.

PARA TER BRILHO NOS OLHOS E ENERGIA

Assuma a postura de ser feliz. Você é responsável pela sua energia.

PARA SER ESPIRITUALMENTE LIVRE

Calma. Você é parte de Deus.

PARA BUSCAR O PROPÓSITO

O que faz seu coração bater mais forte?

PARA SE LEMBRAR DO PODER DA FÉ

As asas que te levarão rumo à liberdade total.

PARA REFLETIR SOBRE LIBERDADE PLENA

O que você precisa matar dentro de você.

Fontes TIEMPOS, WALSHEIM
Papel ALTA ALVURA 90 g/m²